KB018933

헌법개정에 대한
사법심사
비교연구

JUDICIAL REVIEW OF
CONSTITUTIONAL AMENDMENTS
A Comparative Study

케말 괴츨러(Kemal Gözler) 저 / 윤 정 인 역

차례

차례

한국 독자들께 드리는 말씀

저는 윤정인 연구교수님으로부터, "헌법개정에 대한 사법심사"에 관한
저의 작은 책이 한국에서 관심을 모았다는 이야기를 이메일로 전해들었
을 때 매우 놀라웠습니다.

그 이메일에서, 윤정인 박사님은, 김선택 교수님께서 2011년의 "유신헌
법" 사건과 관련하여 한국 헌법재판소에 제출한 의견서에서 제 책을 인
용했다고 전해주었습니다.

저로서는 매우 영광이었습니다.

뿐만 아니라, 윤정인 연구교수님은 자신이 저의 책을 한국어로 번역하
였다고 말했고, 그것을 출판할 수 있도록 허락해줄 것을 청하였습니다.

저는 그 말에 무척 기뻤습니다.

최근 몇 년간, 비교헌법학 연구에 커다란 진전이 있었습니다. 한 나라
의 헌법재판소의 판례가 다른 나라들의 헌법재판소에 의하여 인용되기
도 합니다. 헌법에 있어서, 학설과 판례 모두가, 국가들간에 상호작용이
이루어지고 있습니다. 이러한 상호작용은 비단 이웃한 나라들 사이에 있
어서 뿐만 아니라 세계의 서로 다른 지역에 위치한 나라들 사이에서도
이루어지고 있습니다.

결국, 헌법의 이론들은 세계화되고 있습니다. 일정한 제한된 연구주제에 관하여 쓰여지긴 하였지만, 제 책 Judicial Review of Constitutional Amendments의 한국어판도 그러한 현상의 한 사례가 될 것입니다

제 책이 한국의 독자들에게 도움이 되기를 바랍니다. 아울러, 저의 책을 번역해준 윤정인 박사님에게 심심한 감사를 표하고 싶습니다.

2018년 12월 11일

케말 괴츨러

헌법학교수

PREFACE

I was so surprised when I got the email from Research Professor Jeong-In Yun, stating that my humble book on "Judicial Review of Constitutional Amendments" drew interest in Korea.

In this email, Dr. Jeong-In Yun explained that Prof. Dr. iur. Seon-Taek Kim had cited my book in the written opinion which was submitted to the Korean Constitutional Court, with regards to the case of "Yushin-Constitution" in 2011.

I was very honored to hear this.

In addition, Research Professor Jeong-In Yun stated that she translated my book into Korean and asked for my permission to publish it.

I was very pleased to hear this.

In recent years, comparative constitutional law studies have made a great progress. The jurisprudence of a constitutional court may be cited by other constitutional courts. In the constitutional law, there is an interaction between countries, both in terms of doctrine and jurisprudence. This interaction is not only between neighboring countries, but also among countries situated in different parts of the world.

Consequently, theories of constitutional law become global. The Korean edition of my book Judicial Review of Constitutional Amendments, which has been written on a restricted subject-matter, constitutes an example of this fact.

I wish that Korean readers benefit from my book. I also would like to offer Dr. Jeong-In Yun my sincerest thanks for translating my book.

December 11, 2018

Kemal GÖZLER

Professor of Constitutional Law

서 론

이 책에서 다루어지는 주요 문제는 다음과 같다: 헌법개정이 헌법재판소에 의해 심사대상이 될 수 있는가? 이 문제는 분명 권한의 문제이다. 왜냐하면 만일 헌법재판소가 헌법개정을 심사할 권한을 갖는 경우에는 이에 대한 사법심사가 가능할 것이며; 그러한 권한을 갖지 못한다면 심사는 불가능할 것이기 때문이다. 헌법개정에 관한 사법심사가 가능한 경우, 문제가 되는 것은 헌법재판소가 헌법개정의 위헌성을 어느 정도까지 심사할 것인가이다. 헌법재판소가 헌법개정의 형식적 · 절차적 적법성뿐만 아니라 실질에 관한 심사를 할 수 있는가? 따라서, 세 개의 문제가 제기된다:

(1) 헌법재판소가 헌법개정에 대한 심사 권한을 갖고 있는가?
(2) 헌법재판소가 헌법개정의 형식적 적법성을 심사할 수 있는가?

(3) 헌법재판소가 헌법개정의 실질을 심사할 수 있는가?

이 세 개의 문제가 이 책의 세 부분을 구성할 것이다.

첫 번째 문제로 넘어가기에 앞서, 주제를 한정하기 위해 이 책이 연방 헌법재판소가 주(州)헌법개정의 위헌성 심사를 할 수 있는지 여부에 관한 문제는 검토하지 않는다는 것을 언급하는 것이 적절해 보인다. 왜냐하면, 의심의 여지없이, 연방제도하에서 주헌법의 개정은 연방헌법에 합치하여야만 하기 때문이다.[1] 이 책에서 논의되는 문제는 단일국가에서의 헌법개정이나 연방국가에서의 연방헌법의 개정의 합헌성을 심사할 수 있는지 여부에 관한 것이다.

이 책은 2007년 4월 말까지의 입법과 판례법을 대상으로 한다.

---

1) 많은 연방국가에서 연방헌법재판소는 주헌법에 대하여 이루어진 개정의 위헌성을 심사해 왔고 연방헌법에 반하는 주헌법개정을 무효화하여 왔다. 예를 들면, 오스트리아 연방헌법 재판소는 2001년 6월 28일 G 103/00 결정에서 Vorarlberg 주 헌법 제33조 제6항이 연방 헌법에 합치되지 아니한다고 판시하였다 (이 결정의 영문개요는 베니스위원회의 CODI-CES 데이터베이스에서 이용가능하다. http://codices.coe.int (AUT-2001-2-004)). 마 찬가지로 미연방대법원은 Hawke v. Smith 사건에서 연방헌법 개정을 비준하는데 주민투 표를 요구하는 Ohio주 헌법의 조항이 위헌이라고 판시하였다 (253 U.S. 221, 230-231쪽 (1920)).

제1장

헌법재판소는 헌법개정을
심사할 권한을 갖고 있는가?

어떤 국가에서 헌법재판소가 헌법개정의 위헌성을 심사할 권한이 있는지 여부에 관한 문제에 답하기 위해서는, 이 국가의 헌법을 우선 살펴보아야 한다. 이러한 권한에 관한 헌법조항이 있다면, 이 문제는 해당 헌법조항에 따라 대답될 것이다. 그러나 헌법이 이 점에 관해 침묵하고 있을 수도 있다. 따라서 헌법개정을 심사할 헌법재판소의 권한에 관한 헌법조항이 있는 나라와 없는 나라를 구별해야 한다.

I. 권한 문제에 관한 헌법조항이 있는 경우

헌법개정을 심사하기 위한 헌법재판소의 권한에 관하여 어떤 나라의 헌법에 조항이 있는 경우, 헌법개정에 대한 사법심사가 가능한지 여부의 문제는 해당 조항에 따라 대답될 수 있다. 헌법에서 헌법재판소가 헌법개정의 위헌성을 심사할 수 있다고 규정하고 있다면, 그러한 사법심사는 가능하게 된다. 다른 한 편, 헌법이 헌법개정에 대한 사법심사를 명시적으로 금지하고 있다면, 그러한 사법심사는 불가능하게 된다. 첫 번째 가정에는 1961년과 1982년 터키 헌법, 1980년 칠레 헌법 그리고 1991년 루마니아 헌법이 해당한다. 두 번째 가정에는 1976년 개정된 1950년 인도 헌법이 해당한다.

A. 헌법재판소가 헌법개정의 사법심사를 하도록 권한을 부여한 헌법

1961년과 1982년 터키 헌법, 1980년 칠레 헌법, 1991년 루마니아 헌법은 헌법재판소에 헌법개정의 위헌성을 심사할 권한을 명시적으로 부여하였다.

1. 1961년과 1982년 터키 헌법

1971년 개정된 1961년 터키 헌법 제147조는 터키 헌법재판소가 헌법개정의 형식적 적법성을 심사할 수 있다고 규정하였다.[1] 1971년부터 1980년까지 터키 헌법재판소는 헌법개정의 위헌성 심사를 다섯 차례 한 바 있다. 이 결정에 대해서는 아래에서 검토하기로 한다.[2]

1982년 터키 헌법 또한 헌법개정에 대한 사법심사를 특별히 규정했다. 헌법 제148조 제1항은 명시적으로 헌법재판소에 헌법개정의 위헌성을 심사할 권한을 부여하였다. 그러나 동 헌법은 이러한 심사를 형식(적심사)에 국한하고 있다.[3] 1982년 헌법 하에서 터키 헌법재판소는, 1982년 헌법 하에 이루어진 헌법개정의 위헌성에 대하여 심사할 기회를 단 한번 가졌다.[4]

---

1) Anayasa [헌법] 제147조 제1항 (1971년 개정된 1961년 헌법) (터키). 1971년 개정된 1961년 터키 헌법에 대한 영어 번역본은 The Turkish Constitution as Amended (Mustafa Gerçeker, Erhan Yaşar, Orhan Tung 번역, Directorate General of Press and Information 1978)를 참조. http://www.anayasa.gen.tr/1961constitution-amended.pdf (2006년 4월 3일 마지막 방문).

2) 아래 57-63쪽 참조.

3) Anayasa [헌법] 제148조 제2항(1982)(터키). 1982년 터키 헌법의 영어 번역본은 http://www.byegm.gov.tr/mevzuat/anayasa/anayasa-ing.htm을 참조 (2007년 3월 5일 마지막 방문).

4) 아래 63-65쪽 참조.

2. 1980년 칠레 헌법

1980년 칠레 헌법 제82조 제2항 아래서 칠레 헌법재판소는 "의회의 승인을 위해 제출된 … 헌법개정의 … 절차 중에 발생할 수 있는 헌법개정의 위헌성 문제를 결정할" 권한을 가진다. [5] 따라서 칠레에서는 헌법재판소가 헌법개정 과정에서 승인을 위해 의회에 제출된 헌법개정안의 위헌성 심사를 할 수 있다. 필자는 헌법개정의 위헌성에 관한 칠레 헌법재판소의 결정례를 알지 못한다.

3. 1991년 루마니아 헌법

루마니아 헌법은 헌법개정의 위헌성에 관하여 예방적 (*사전*) 심사를 확립하였다. 1991년 헌법의 원안에서 제144조(a)는 (지금은 2003년 헌법 제146조(a)에 해당[6]) 헌법재판소에 "헌법을 개정하기 위해 발의된 안을 *직권*으로 심사할" 권한을 부여한다. 의회가 헌법개정 절차를 시작하기 전에, 헌법개정안은 헌법재판소에 제출되어야만 하고, 헌법재판소는

---

5) Consitución [헌법] 제82조 제2항 (1980)(칠레). 1982년 칠레 헌법의 영어 번역본은 http://confinder.richmond.edu/admin/docs/Chile.pdf 참조 (2005년 4월 19일 마지막 방문).

6) 1991년 루마니아 헌법은 2003년에 헌법전의 텍스트의 명칭과 조문의 일련번호를 바꾸어 개정되고 다시 공포되었다. 양 헌법전의 영어 번역본은 베니스위원회의 Codices 데이터베이스를 참조 (http://codices.coe.int>; select Constitutions > English > Europe > Romania (2007년 3월 23일 마지막 방문).

10일 내에 위헌성 심사를 해야 한다. 헌법재판소의 결정만으로 헌법개정 발의는 의회에 송부되지 않을 수도 있다.[7]

루마니아 헌법재판소는 1996년, 2000년, 그리고 2003년 세 차례 헌법개정 발의를 *직권*으로 심사한 바 있다.[8] 처음 두 번의 개정 발의의 입법절차는 진행이 정지되었는데, 헌법개정을 위한 헌법적 요건을 충족시키지 못했기 때문이었다.[9] 세 번째 헌법개정 발의의 위헌성은 2003년에 헌법재판소에서 심사되었다. 헌법재판소는 2003년 4월 16일 No.148 결정에서, 1991년 루마니아 헌법 제148조 제2항에[10] 규정된 헌법개정의 한계를 유월했다는 이유로 이 개정안의 일부 조항을 위헌선언하였다.[11] 이후 의회는 헌법재판소의 결정에 따라 수정된 개정안을 심의 · 의결하였다.[12]

---

7) Gheorge Iancu/Doina Suliman/Monica Ionescu, *Rapport de la Cour constitutionnelle de Roumanie* [루마니아 헌법재판소에 대한 보고서], 2éme Congrés de l'ACCPUF [AC-CPUF의 2차 심포지엄 과정], Libreville, 2000년 9월 14~15일). http://www.accpuf. org/congres2/II-RAPPO/rapport_rom.pdf (2007년 3월 6일 마지막 방문).

8) Nicalae Popa, *The Constitutional Court of Romania, Twelve Years of Activity:* 1992-2004-*Evolutions over the Last Three Years,* 7 The Constitution Court's Bulletin (2004. 5). http:// www.ccr.ro/default.aspx?page=publication/buletin/7/popa에서 이용가능 (2007년 5월 6일 마지막 방문).

9) 같은 곳.

10) 제148조 제2항은 다음과 같이 규정한다. "마찬가지로 어떠한 개정도, 그것이 시민의 기본적 권리와 자유 혹은 그것의 보장을 억압하는 결과를 낳는 경우 이루어지지 못한다." 위 각주 6 참조.

11) 루마니아 헌법재판소, 2003년 4월 16일, 루마니아 헌법개정을 위한 입법부의 제안에 관한 위헌성 문제에 관한, No.148 결정, Official Gazette of Romania, 2003. 5. 12. No. 317. 이 결정에 대한 영어 번역본은 루마니아 헌법재판소 웹사이트에서 이용가능. http:// www.ccr.ro/decisions/pdf/en/2003/D148_03.pdf (2007년 3월 4일 마지막 방문)

12) 같은 곳.

그러나 의회의 승인 이후에 그 헌법개정의 위헌성이 위헌제청절차에 따라 헌법재판소에 제기되었다. 2003년 9월 30일 No.686 결정에서 헌법재판소는, 헌법개정 발의단계에서 예방적 (*사전*) 심사 할 수 있는 권한만을 갖고 있기 때문에, 의회의 승인 이후의 개정헌법에 대한 심사를 할 수 있는 권한이 헌법재판소에 없다는 이유로 이러한 위헌제청을 각하하였다.[13]

루마니아에 관한 한, 헌법개정에 대한 사법심사가 가능한 것으로 결론내릴 수 있으나, 이는 개정헌법에 대한 *사후적* 심사가 아니라 헌법개정 발의단계에 헌법개정안에 대한 *사전* 심사라는 틀 안에서만 그러하다.

B. 헌법개정에 대한 사법심사를 명시적으로 금지한 헌법: 1950년 인도 헌법(1976년 개정)

만약 헌법개정에 대한 사법심사를 헌법이 명시적으로 금지하고 있다면, 이러한 사법심사는 물론 불가능하다. 그 예로 1976년에 개정된 1950년 인도 헌법을 들 수 있다.

1976년 제42차 개정에서 추가된 1950년 인도 헌법 제368조 제4항은 다음과 같이 규정하였다. "이 조항에 따라 완성된 혹은 이 조항에 따라 완성되었다고 주장되는 이 헌법의 개정(헌법 제3장의 조항을 포함)은 어

---

13) Popa, 위 각주 9.

떠한 이유로도 어떠한 법원에 의해서도 문제가 제기될 수 없다."[14] 따라
서 인도에서는 1976년에 인도 대법원이 헌법개정의 위헌성 심사로부터
배제되었다. 인도 헌법 제368조 제4항이 명시적으로 헌법개정에 대한 사
법심사를 금지하고 있기 때문에 이에 관하여는 의심의 여지가 없다. 더
욱이 동조 제5항은 "이 조항 하에서 이 헌법의 조항을 추가·변경 혹은
삭제의 방식으로 개정하는 의회의 헌법적 권한에는 어떠한 한계도 있을
수 없다."고 규정하고 있다. 즉 이 조항은 인도 헌법이 헌법을 개정할 수
있는 의회의 권한에 대해 어떠한 제한도 부과하고 있지 않기 때문에, 헌
법개정에 대하여 사법심사할 수 없음을 규정한 것이다.

그러나 Minerva Mills Ltd. v. Union of India 사건에서 인도 대법원
은 제42차 개정헌법에 대해 심사를 하였고, 이 개정이 "헌법의 기본구
조(basic structure of the Constitution)"를 위반하였다는 이유로 위헌이
라고 선언하였다.[15]

인도 대법원은 헌법개정에 대한 위헌성을 심사할 관할권을 가지고 있
지 않았기 때문에 Minerva Mills 사건에서 동 대법원의 견해는 대단히

---

14) 인도 헌법 제368조 제4항: 42차 헌법개정법률로 개정됨. http://lawmin.nic.in/coi.htm
(2007년 3월 18일 마지막 방문).

15) Minerva Mills Ltd. v. Union of India, A.I.R. 1980 S.C., 1789, 1981. http://judis.nic.
in/supremecourt/qrydisp.asp?tfnm=4488에서 이용가능 (2007년 3월 7일 마지막 방
문). 이 판결에 대한 코멘트는 다음을 참조할 것. Anuranjan Sethi, *Basic Structure Doc-
trine: Some Reflection,* http://ssrn.com/abstract=835165, pp.11-13 (2007년 3월 4일 마
지막 방문); Rory O'Connell, *Guardians of the Constitution: Unconstitutional Constitutional
Norms,* 4 J. Civil Liberties 48, 72-73쪽 (1999); S. P. Sathe, Judical Activism in India 87
(Oxford University Press 2002).

논쟁될 만한 것이다. 그리고 인도 대법원이 자신이 가지고 있지 않은 권한을 사용했다는 것은 명백하다. 인도 대법원은 – 헌법 제368조에 의해 의회에만 부여된 – 헌법을 개정할 권한을 찬탈한 것이다. 아래에서 살펴볼 것처럼,[16] "헌법의 기본구조"라는 개념은 헌법에 정의된 것이 아니기 때문에 문언적 근거를 가지지 못한 것이다. 그래서 그것은 모호한 개념이다. 아래에서 검토될[17] Kesavananda Bharati 사건에서 제시된 것처럼 상이하게 정의내려질 수 있는 모호한 개념이다.

II. 권한 문제에 관한 헌법조항이 없는 경우

위에서 언급한 바와 같이 헌법이 헌법개정의 위헌성 심사에 관하여 침묵할 수도 있다. 터키, 칠레, 인도, 루마니아 헌법과 달리, 이 책에서 다루어지는 다른 헌법들은 헌법개정에 대한 위헌성 심사조항을 담고 있지 않다. 예를 들어, 1920년 오스트리아 헌법, 1958년 프랑스 헌법, 1949년 독일 기본법, 1949년 헝가리 헌법, 1976년 이전의 1950년 인도 헌법, 1937년 아일랜드 헌법, 1991년 슬로베니아 헌법, 1971년 이전의 1961년 터키 헌법, 미국 헌법은 헌법재판소 또는 대법원이 헌법개정에 대한 사법심사를 할 관할권을 가지는지 여부에 관해 규율하고 있지 않다.

---

16) 아래 111-113쪽 참조.
17) 아래 109-111쪽 참조.

헌법이 헌법개정에 대한 사법심사 문제에 대하여 침묵하고 있는 경우,
이러한 문제에 대답하기 위해서는 사법심사에 대한 미국형 모델과 유럽
형 모델을 분리해서 살펴 볼 필요가 있다. [18]

A. 미국식 사법심사 모델에서 헌법개정을 심사할 법원의 권한

미국식 사법심사 모델에서 모든 법원은 구체적인 법적 사건과 논란들
을 판결하는 과정에서 법적 작용과 규범의 위헌성을 심사할 관할권을 갖
는다. 미국식 사법심사 모델을 취하는 국가에서는 헌법개정의 위헌성을
심사할 법원 - 최종적으로는 대법원 - 의 관할권이 쉽게 성립될 수 있
다. 왜냐하면, 법원과 대법원의 소송사건에서 어떤 헌법개정이 헌법개
정 절차에 반해 이루어졌다거나 개정된 실질적 내용이 헌법개정에 부과
되는 한계를 위반하는 것이라는 주장으로 당사자에 의해서 다퉈질 수 있
기 때문이다. 이러한 경우 법원 혹은 대법원이 이러한 주장을 심사해야
한다는 사실은 곧 법원이 헌법개정의 위헌성을 심사한다는 것을 뜻한다.

---

18) 이러한 사법심사의 두 모델의 차이점의 비교를 위하여는 다음을 참조. Louis Favoure,
Constitutional Review in Europe, in Constitutionalism and Rights: The Influence of The
United States Constitution Abroad 38, 40-42쪽 (Louis Henkin/Albert J. Rosenthal
eds., Columbia University Press 1990). 동일한 구분이 Mauro Cappelletti에 의해서도
"집중형 사법심사centralized"와 "분권형 사법심사 decentralized judicial review"라는 용
어로 이루어졌다. Mauro Cappelletti, *Judicial Review in Comparative Perspective,* 58 Cal. L.
Rev. 1017 (1970).

따라서 미국형 사법심사 모델에서는 헌법개정의 위헌성은 비록 헌법이
법원에 이러한 권한을 명시적으로 부여하고 있지 않더라도 법원에 의해
심사될 수 있다. 왜냐하면 그러한 모델 하에서 법원은 그러한 심사를 위
한 특별한 권한을 부여받을 필요가 없기 때문이다. 이러한 제도하에서
모든 법원은 법적 소송 절차에서 당사자에 의해 제기된 이유의 인용여부
를 심사할 권한을 가진다.

실제로 미국식 사법심사 모델을 따르는 국가에서는 헌법개정의 위
헌성이 법원에 의해 여러 차례 심사된 바 있다. 예를 들어, 미국 연
방대법원에서의 Hollingsworth v. Virginia, National Prohibition, Dillon
v. Gloss 그리고 United States v. Sprague 사건,[19] 아일랜드 대법원의
State (Ryan) v. Lennon 과 Abortion Information 사건,[20] 인도 대법원의
Golaknath v. State of Punjab, Kesavananda Bharati v. State of Kerala,
Indira Nehru Gandhi v. Raj Narain, Minerva Mills Ltd. v. Union of India
그리고 Waman Rao v. Union of India 사건[21]에서 각각 다른 헌법개정
이 위헌임이 주장되었다. 미국과 아일랜드 대법원은 이러한 주장을 기각
하였고 제소된 헌법개정의 유효성을 확인하였다. 그러나 인도 대법원에
서는 일부 사건에서 이러한 주장을 수용하였고 일부 개정헌법에 대해 위
헌을 선언하였다. 이러한 위헌 주장을 인용하거나 기각하는 것은 헌법개

---

19) 아래 43-48쪽 참조.
20) 아래 98-100쪽 참조.
21) 아래 106-113쪽 참조.

정에 대한 사법심사가 이루어졌음을 의미하는 것이다. 이러한 사건들은
아래에서 살피도록 하겠다.[22]

B. 유럽식 사법심사 모델에서 헌법개정을 심사할
헌법재판소의 권한

유럽식 사법심사 모델에서는 오직 (일반적으로 "헌법재판소constitutional
court"로 불리는) 특별법원 만이 법률의 위헌성을 심사할 관할권을 갖
는다. 유럽형 사법심사 모델을 채택한 국가에서는 개정헌법의 위헌성을
심사할 헌법재판소의 권한이 명확하게 헌법조항으로부터 도출되어야 한
다. 다시 말해, 헌법에 명시적으로 헌법개정에 대한 사법심사를 금지하
는 규정이 없더라도, 헌법개정에 대한 사법심사 권한이 헌법재판소에 있
다는 명문규정이 없는 한 이러한 사법심사는 불가능하다. 왜냐하면, 유
럽형 사법심사 모델에서는 특별법원인 헌법재판소가 "일반적인 관할권
(general jurisdiction)"을 갖는 것이 아니라, 오직 "제한된 특별한 관할권
(limited and special jurisdiction)"만을 갖기 때문이다. 다시 말해 이러한
사법심사 모델에서 헌법재판소는 모든 법적 규범과 작용을 심사할 관할
권을 갖는 것이 아니라,[23] 헌법이 명확하게 헌법재판소에 부여한 권한만

---

22) 아래 43-48쪽과 102-115쪽 참조.

23) 예를 들면, constitutions, laws, codes, statutes, acts, bills, edicts, legislation, enact-
ments, treaties, conventions, agreements, charters, pacts, decrees, decrees having

을 갖는 것이다. 결과적으로 이 모델에서는 그러한 권한을 갖기 위해서는 헌법에 의해서 이러한 권한이 명시적으로 부여되어야만 한다. 만약 헌법이 헌법재판소의 헌법개정에 대한 심사권에 관하여 침묵하고 있다면, 이는 헌법재판소가 헌법개정의 위헌성에 대하여 심판할 권한을 가지고 있지 않다는 것을 의미한다.

 이러한 결론을 지지하기 위해 "한 가지 것의 명시적인 언급은 다른 것의 배제를 의미한다(*Expressio unius est exclusio alterius*[24])"라는 법의 일반원칙이 인용될 수 있다. 이러한 해석원칙(canon)에 따르면, 헌법재판소의 권한을 정하는 헌법조항이 헌법재판소의 심사대상이 되는 법률, 법적 효력을 갖는 법령과 같은 법적 행위를 명시적으로 열거한다는 사실은, 이 헌법조항에서 열거되지 않은 헌법개정과 같은 법적 행위는 심사대상이 되지 않는다는 것을 의미하게 된다. 헌법제정권력이 헌법재판소로 하여금 법률뿐만 아니라 헌법개정에 대해서도 위헌성을 심사할 권한을 부여하기를 원했다면, 헌법제정권력은 이를 명시적으로 할 수 있었을 것이다. 헌법제정권력이 그렇게 하지 않았다는 사실은 헌법제정권력이 헌법재판소에 그러한 권한을 부여하기를 원하지 않았다는 것을 의미한다.

 이러한 결론은 프랑스 헌법평의회, 헝가리 헌법재판소, 슬로베니아 헌

---

force of law, ordinances, bylaws, regulations, rules, rulings, decisions, verdicts, orders, directives, circulars, measures, principles, guidelines, instructions, standards, statements, announcements, proclamations, pronouncements, declarations, settlements, resolutions 등.

24) 한 가지 것의 명시적인 언급은 다른 것의 배제를 의미한다.

법재판소의 판례에 의해 확인된 것이다.

1. 프랑스 헌법평의회

프랑스 헌법평의회는 1962년 11월 6일 No.62-20 DC 결정에서 국민 투표로 확정된 헌법개정을 심사할 관할권이 없음을 확인하였다.[25] 마 찬가지로 2003년 3월 26일 No.2003-469 DC 결정에서는 의회에 의해 서 채택된 헌법개정에 대해 결정할 관할권이 없다고 선언하였다.[26] 마 지막 사건에서, 1958년 헌법의 여러 조항이 '공화국의 분권적 조직에 관 한 헌법률(the Constitutional Law on Decentralized Organization of the Republic)'에 의해 개정되었다.[27] 이 헌법률은 60인 이상의 상원의원들

---

25) Conseil Constitutionnel [CC](헌법평의회) 결정 no. 1962-20 DC, 1962년 11월 6일 Recueil Des Decisions Du Conseil Constitutionnel [이후부터는 REC.로 지칭] [헌법 평의회 보고서] 27 (1962). 프랑스어 원본은 http://www.conseil-constitutionnel.fr/decision/1962/6220dc.htm에서 이용가능 (2007년 3월 5일 마지막 방문). 영어 번역 본은 Comparative Constitutionalism: Cases and Materials, 97-98쪽 (Norman Dorsen et al., eds., Thomson West 2003)에서 찾을 수 있다.

26) Conseil Constitutionnel [CC](헌법평의회) 결정 no. 2003-469 DC, 2003년 3월 26 일, Recueil des Decisions du Conseil Constitutionnel [REC.] [헌법평의회 보고 서] 293 (2003). 프랑스어 원본은 http://www.conseil-constitutionnel.fr/decision/2003/2003469/2003469dc.htm에서 이용가능 (2007년 3월 5일 마지막 방문). 이 결정의 영문개요는 베니스위원회의 CODICES 데이터베이스에서 이용가능 http://codices.coe.int (FRA-2003-1-004).

27) Law No. 2003/276 of March 28, 2003, Journal Officiel de La République Française [J.O.] [Official Gazette of the French Republic], 2003년 3월 29일, 5570쪽. 프랑스어 원본은 http://www.legifrance.gouv.fr/WAspad/UnTexteDeJorf?numjo=-JUSX0200146L에서 이용가능 (2007년 2월 20일 마지막 방문). 이 헌법개정의 영어분석

에 의해 형식적 · 실질적 측면 모두에서 헌법에 반한다는 이유로 헌법평
의회에 제소되었다.[28]

　자신의 관할권이 헌법에 엄격히 규정되어 있고 헌법조항에 명문규정으
로 특정된 것 외에는 심사할 수 없다는 것을 언급한 후에, 헌법평의회는
다음과 같이 판시하였다.

> "헌법 제61조는 이 조항에 규정된 조건하에 헌법평의회에 제소되
> 는 경우 조직법령과 일반법률의 위헌성을 심사할 권한을 헌법평
> 의회에 부여한다. 그러나 헌법평의회는 헌법 제61조 뿐만 아니라
> 헌법 제89조 그리고 헌법의 다른 어떠한 조문으로부터도 헌법개
> 정에 대해 심판할 관할권을 부여받은 바 없다."[29]

　헌법평의회가 언급한 바와 같이, 헌법 제61조 뿐만 아니라 헌법의 다
른 어떠한 규정에서도 헌법평의회가 헌법개정 − 더 정확하게는 헌법률
(*lois constitutionnelles*) − 을 심사할 수 있는 권한이 있음을 규정한 조항은
존재하지 않는다. 헌법 제61조는 헌법평의회에 법률(*lois*)의 위헌성을 심
사할 권한을 부여하고 있으나, 이 조항은 헌법률(*lois constitutionnelles*)이라

　　에 대해서는 Xavier Philippe, *France: The Amendment of the French Constitution "on the Decentralized Organization of the Republic"*, 2 Int'l J. Const. L.(I.CON) 691 (2004).

28) 청구이유 프랑스어 원본 참조 http://www.conseil-constitutionnel.fr/deci-
sion/2003/2003469/saisine.htm에서 이용가능 (2007년 2월 21일 마지막 방문).

29) Conseil Constitutionnel [CC](헌법평의회) 결정 no.2003-469 DC, 2003년 3월 26일, 위
각주 27. 위의 인용은 프랑스어 원본으로부터 필자 자신이 번역한 것이다.

는 용어를 언급하고 있지 않다. 헌법평의회가 자신의 결론을 1958년 헌법 제61조의 엄격한 해석에 근거를 두고 있기 때문에, 왜 헌법평의회가 자신이 헌법개정을 심판할 적정한 관할권을 가지지 않는다는 결론에 이르렀는지 쉽게 이해할 수 있다.

2. 헝가리 헌법재판소

1997년 10월 14일 채택된 헌법개정의 위헌성이 No.1260/B/1997 사건에서 헝가리 헌법재판소에 제기되었다. 청구인은 이 개정이 위헌임을 주장하였는데, 당해 개정이 헝가리 헌법 제2조에 의해서 보호되는 법의 명확성과 주권 원리를 훼손한다는 이유였다. 헌법재판소는 먼저 헌법재판소가 헌법개정을 심판할 관할권을 갖는지 여부의 문제를 심사하였다. 헝가리 헌법 제32조A[30]와 1989년 Act XXXII 의 제1조[31]가 헌법재판소에 헌법개정이 아닌 법률(laws)에 대한 위헌성을 심사할 수 있는 권한을 부여하였음을 확인한 후, 헝가리 헌법재판소는 1998년 2월 9일 결정에서 자신의 관할권의 범위가 헌법을 개정히는 법률의 위헌성을 심사하는

---

30) 헝가리 헌법 (1989년의 Act XXXI에 의해 개정되고 재규정된 1949년 Act XX), 32조 A. 헝가리 헌법의 영어 번역본은 베니스위원회 CODICES 데이터베이스에서 이용가능. http://codices.coe.int; *select* Constitutions > English > Europe > Hungary (2007년 3월 4일 마지막 방문).

31) Act No. XXXII of 1989 on Constitutional Court, 제1조. 이 법률의 영어 번역본은 베니스위원회 CODICES 데이터베이스에서 이용가능. http://codices.coe.int; *select* Law > English > Europe > Hungary (2007년 3월 5일 마지막 방문).

데까지 확장되지 않는다고 하였다.[32]

3. 슬로베니아 헌법재판소

슬로베니아 헌법재판소는 1996년 4월 11일 No.U-I-332/94 결정에서 헌법규범의 성격을 갖는 조항은 그의 관할권 범위에 속하지 않는다고 판시하였다. 이 결정에서 슬로베니아 헌법재판소는 헌법재판소의 권한을 규정한 헌법 제160조의 "법령의 이 헌법에의 합치성"이라는 구절에서 "법령(Statutes)"이라는 단어를 좁게 해석하였다. 이 단어는 헌법적 성격의 규범을 포함하지 않는다고 선언하였다.[33]

4. 아일랜드 대법원

아일랜드의 위헌심사제도는 "혼합형 모델"이다. 아일랜드에서는 위헌심사가 특별한 헌법재판소가 아니라 대법원과 고등법원에서 이루어진다. 그러나 위헌심사권에 관한 한 아일랜드 제도는 미국식 사법심사 모델보

---

32) 헝가리 헌법재판소 Decision of Feb. 9, 1998, No. 1260/B/1997, *Alkotmánybírósági Közlöny* [Official Digest], 2. 1998. 이 결정에 대한 영문개요는 베니스위원회 CODICES 데이터베이스 <http://codices.coe.int> (HUN-1998-1-001)에서 이용가능 (2007년 4월 9일 마지막 방문).

33) 이 결정의 영어 번역본은 슬로베니아 공화국 헌법재판소 공식 웹사이트에서 이용가능하다. http://odlocitve.us-rs.si/usrs/us-odl.nsf/o/8EBF190D9E2129EC-C12571720029D40D (2007년 3월 6일 마지막 방문).

다는 유럽형 사법심사 모델에 유사하다. 왜냐하면 그것은 이러한 권한이
헌법에 의해 대법원과 고등법원에만 주어져 있기 때문이다.[34] 다시 말해
이들 법원의 권한이 헌법의 문언으로부터 도출된다. 따라서 이들 법원들
은 "일반적 관할권(general jurisdiction)"을 갖는 것이 아니라, 단지 "제한
된 특별한 관할권(limited and special jurisdiction)"만을 갖는다. 이러한
이유로 아일랜드에서는 헌법이 명시적으로 대법원과 고등법원에 헌법개
정에 대한 사법심사권을 부여하고 있지 않기 때문에, 이러한 사법심사는
불가능하다. 이러한 결론은 아일랜드 대법원의 Riordan v. An Taoiseach
사건에서 확인된다. 이 사건에서 법원은 헌법개정에 대한 위헌성을 심사
할 수 없다고 판시하였다.[35] 이 사건에서는 제19차 개정의 위헌성이 제
기되었다. 이 개정은 1998년 5월 22일 국민투표로 확정되어 1998년 6월
3일 아일랜드 공화국 대통령에 의해 서명·공포 되었다. Denis Riordan
은 대법원이 "1998년 19차 헌법개정법률(The 19th Amendment of the
Constitution Act)이 헌법에 반하고 따라서 위헌적이며 무효이고 아무 효
력이 없다."고 선언하도록 주장하였다. 아일랜드 대법원은 이러한 주장
을 나음과 같은 이유로 배척히였다.

---

34) 아일랜드 헌법(Bunreacht Na Héireann) [Ir. CONST.], 1937, 제34조. http://www.
taoiseach.gov.ie/index.sep?docID=262에서 이용가능 (2007년 3월 6일 마지막 방문).

35) Riordan v. An Taoiseach [1999] IESC 1 (May 20, 1999, Appeal No. 202/98)(Ir.).
http://www.bailii.org/ie/cases/IESC/1999/1.html에서 이용가능 (2007년 3월 6일 마
지막 방문).

"헌법개정은 일반 입법과는 종류가 다른 것이다. 일반 입법이 대통령과 의회 양원의 참여를 요구하는데 비해, 헌법개정은 대통령과 의회 양원 그리고 국민의 상호협력을 요구한다. … 제안된 헌법개정안은 보통 헌법 내의 어떤 것을 변경하도록 고안된 것이며 따라서 그것이 확정되기 전까지는 현행 헌법 조문과 일치되지 않을 것이지만, 일단 헌법 제46조에 따라 국민들로부터 승인을 받고 법으로써 대통령에 의해 공포되면, 그것은 헌법의 한 부분을 형성하게 되고 따라서 위헌적이라는 이유로 공격받을 수 없다. 대통령이 제46조[36]에 따라 국민에 의해 적정하게 통과된 헌법개정안을, 제46조 제5항[37]의 의미의 '법으로서(as a law)' 공포할 때, 그녀는 그것을 - 국민에 의해 적정하게 승인된 헌법에 대한 개정이기 때문에 - 기본법(bunreacht)의 일부로서 공포하고 있는 것이다. 그러한 '법'은 헌법 제15조 제4항[38]에서 언급하고 있는 '법'과는 완전히 다른 위치에 있는 것이다. 헌법 제15조 제4항에서 언급하는

---

36) 1937년 아일랜드 헌법 제46조는 헌법개정절차를 규율하고 있다.

37) 제46조 제5항은 다음과 같이 규정한다: "헌법의 개정을 위한 제안을 포함하는 법안이 이 조항의 규정들이 준수되었고 이 헌법 제47조 제1항의 규정에 따라 그러한 제안이 국민에 의하여 적정하게 승인되었음을 확인한 즉시, 대통령에 의하여 서명되고 법률로써 대통령에 의하여 적정하게 공포된다."

38) 1937년 아일랜드 헌법 제15조 제4항은 아래와 같이 규정한다. "1° 의회는 어떠한 관점에서건 이 헌법 또는 이 헌법의 어떠한 조항에 모순되는 법률을 제정하지 못한다. 2° 어떤 관점에서건 이 헌법 또는 이 헌법의 어떠한 조항에 모순되는 의회의 제정 법률은 모순되는 한도에서 무효이다."

'법'은 단지 'Oireachtas'에서 제정된 법만을 언급하는 것이다."[39]

아일랜드 대법원은, 법원이 재판권을 갖는 일반 법률과 헌법개정은 서로 다른 것이기 때문에 헌법개정에 대한 위헌심사권이 자신들에게는 없다고 보고 있음을 알 수 있다.

C. 헌법개정이 "법(Law)"으로 다루어질 수 있고 결과적으로 헌법재판소의 심사대상이 될 수 있는가?

위에서 결론지은 바와 같이,[40] 유럽형 사법심사 모델에서는 헌법이 명시적으로 헌법재판소에 헌법개정에 대한 사법심사권을 부여하고 있지 않는 한, 헌법개정에 대한 사법심사가 불가능하다. 그러나 이러한 시스템에서도 *법률(Laws)*의 위헌성을 심사할 수 있는 권한을 헌법재판소에 부여하는 헌법조항이 존재한다.[41] 헌법재판소가 헌법개정을 심사할 수 있는 권한이 이 조항으로부터 도출될 수 있을 것인가? 만약 *헌법개정(constitutional amendments)*이 *법률(Laws)*로 간주될 수 있다면 이 질문에 대한 대답은 긍

---

39) Riordan v. An Taoiseach [1999] IESC 1. http://www.bailii.org/ie/cases/IESC/1999/1.html에서 이용가능 (2007년 3월 6일 마지막 방문).

40) 위 25-33쪽 참조.

41) 예를 들면, 독일 기본법 제93조, 오스트리아 헌법 제140조 제1항, 1961년 터키 헌법 제147조.

정될 것이다. "법률"이라는 단어에 헌법개정이 포함될 수 있는 것이라면, 법률의 위헌성을 심사할 권한을 이미 가지고 있기 때문에 추가적 권한의 필요 없이 헌법재판소가 헌법개정에 대해 심사할 수 있을 것이다. 그러나 헌법개정이 헌법재판소의 권한을 정하는 헌법조항에 사용된 "법률"이라는 단어의 의미에 과연 포섭될 수 있을까?

헌법개정이 법률로 간주될 수 있다는 생각을 지지하기 위해서는 다음의 논쟁이 선행되어야 할 것이다: 먼저, 많은 국가에서 헌법개정이 법률의 형식으로 이루어진다는 사실에 의하여 증명되는 것처럼 그 형식의 관점에서 헌법개정이 반론의 여지없이 법률에 해당한다는 것이다. 예를 들어, 개정헌법이 관보에 법률의 이름으로 공포될 뿐만 아니라 법률로써 참조된다는 점이다. 헌법개정이 법률이라는 점을 설명하기 위해, 많은 국가에서는 헌법개정을 "헌법개정에 관한 법률(law on the amendment to the constitution)", "헌법개정법률(law amending the constitution)" 혹은 "헌법률(constitutional law)"이라고 부른다는 점을 들 수 있다. 게다가 일부 헌법은 헌법개정이 "법률"에 의해 이루어진다고 명시하고 있다. 예를 들어, 1949년 독일 기본법 제79조 제1항은 "이 기본법은 오직 법률에 의해 그 문언을 명시적으로 수정하고 보충함으로써 개정할 수 있다"고 규정하고 있다.[42] 헌법개정이 그 이름이 지칭하는 바와 같이 "법률"이라

---

42) Grundgesetz [GG] [헌법] 제79조 제1항 (1949) (F.R.G.). 1949년 독일 기본법 [Grund-gesetz für die Bundesrepublik Deutschland]의 영어 번역본은 베니스위원회 CODI-CES 데이터베이스에서 이용가능. http://codices.coe.int/; *select* Constitutions > English > Europe > Germany (2007년 3월 20일 마지막 방문).

면, 헌법재판소는 그러한 개정과 관련한 특별한 권한 없이도 그 위헌성을 심사할 수 있을 것이다.

그러나 헌법개정이 *법률*로 간주될 수 있다는 생각은 여러 약점을 갖고 있다. 우선, *헌법개정법률*과 *일반 법률*이 그들이 입법되는 절차와 형식에 있어서 서로 유사하다고 하지만 − 헌법규범은 보다 높은 위치에 있기 때문에 − , 법적 효력은 상이하다. 둘째, 헌법개정이 "법률"이라는 용어에 포함될 수 있고 결과적으로 헌법재판소에 의해 심사될 수 있다고 언급하는 견해의 유효성은 "법률"이라는 용어가 넓게 해석될 수 있느냐 여부의 문제에 달려있다. 헌법재판소의 권한을 정하는 헌법조항에서 "법률"이라는 용어는 넓게 해석될 수는 없을 것이다. 왜냐하면 앞서 언급한 바와 같이, 유럽형 사법심사 모델에서는 헌법재판소가 "일반적인 관할권"을 갖고 있지 않고 오직 "제한된 특별한 관할권"만을 갖기 때문이다. 다시 말해, 헌법재판소의 경우 관할권을 *가지지 않는* 것이 일반 원칙이고, 관할권을 *가지고 있는* 것이 예외이다. 결과적으로 헌법재판소가 법규범의 위헌성을 심사할 관할권을 헌법재판소에 부여하고 있는 헌법조항들은 예외적인 성질의 것이고, 따라서 *"예외는 엄격하게 해석되어야 한다(exceptio est strictissimae interpertationis[43])"*는 원칙에 따라 좁게 해석되어야만 한다.

이러한 약점에도 불구하고 독일, 오스트리아 그리고 터키 헌법재판소는 헌법개정이 "법률"로 간주될 수 있느냐 여부의 문제에 대하여 긍정적인 대답을 하고있다. 이들 재판소는 헌법개정에 대한 관할권을 갖고

---

43) 예외는 엄격히 해석되어야 한다.

있다고 선언하였고, 이에 따라 헌법개정의 헌법합치성을 심사해 왔다.

1. 독일 연방헌법재판소

독일 연방헌법재판소의 권한은 1949년 독일 기본법 제93조에 정해져 있다. 동 조항에는 연방헌법재판소에 헌법개정을 심사할 관할권을 부여하는 조항은 없다. 심지어 "헌법개정"이라는 용어는 동 조항에 언급조차 되어 있지 않다. 기본법 제93조 제1항과 제2항은 "*연방법률 또는 주법률이 기본법에 형식적 · 실질적으로 합치하는지 여부*"를 심판할 권한을 헌법재판소에 부여하였다.[44] 그러나 아래에서 분석하는 바와 같이,[45] 독일 연방헌법재판소는 1970년 12월 15일 판결, 1991년 4월 23일 판결, 1996년 4월 18일 판결, 1996년 5월 14일 판결, 2004년 3월 3일 판결에서 헌법개정의 위헌성을 심사한 바 있다. 이 판결들에서 헌법개정이 "연방법률(*Bundesrecht*)"이라는 용어에 포섭될 수 있는지 여부가 별도로 논의되지는 않았지만, "연방법률"이라는 용어에는 일반적인 연방법률 뿐만 아니라 "기본법의 문언을 명시적으로 수정하거나 보충하는 법률(즉 헌법개정)"도 내포되는 것으로 연방헌법재판소가 암묵적으로 해석해왔다고 결론짓는 것이 타당해 보인다. 왜냐하면, 만약 연방헌법재판소가 "연방법률"이라는 용어를 다른 방식으로 해석했다면, 연방헌법재판소 스스로

---

44) Grundgesetz [GG] [헌법] 제93조 (1)(2) (1949)(F.R.G.) 위 각주 42 참조. 강조 추가.
45) 아래 73-81쪽 참조.

헌법개정의 위헌성에 대한 심사권이 없다고 선언했을 것이기 때문이다.

2. 오스트리아 헌법재판소

오스트리아 헌법재판소의 경우에도 마찬가지이다. 오스트리아 헌법 제140조 제1항은[46] 헌법재판소에 "연방 혹은 주법률(*eines Bundes- oder Landesgesetzes*)"의 위헌성을 심판할 권한을 부여하고 있다. 동 조항이 "헌법률(*Verfassungsgesetz*)" 혹은 "헌법조항들(*Verfassungsbestimmung*)"이라 는 용어를 언급하고 있지 않지만, "연방법률(*Bundesgesetz*)"이라는 용어가 "일반적인 법률(*ordinary laws*)" 뿐만 아니라 "헌법률(*Verfassungsgesetz*)"과 "헌법조항들(*Verfassungsbestimmung*)" 역시 포함하는 것이라고 헌법재판소 는 해석하였다. 만약 그렇지 않았다면, 1952년 12월 12일 판결, 1988년 6월 23일 판결, 1988년 9월 29일 판결, 2001년 3월 10일 판결에서 헌법 재판소가 헌법개정의 위헌성을 심사할 수 없었을 것이다. 이 결정들은 아래에서 자세히 볼 것이다.[47]

---

46) Bundes-Verfassungsgesetz [B-VG] [헌법] 제140조 (오스트리아). 1920년 오스트리아 연방헌법의 영어 번역본은 베니스위원회 CODICES 데이터베이스에서 이용가능하다. http://codices.coe.int; *select* Constitutions > English > Europe > Austria (2007년 3 월 20일 마지막 방문).

47) 아래 49-55쪽 참조.

3. 터키 헌법재판소

1971년 개정되기 이전의 1961년 터키 헌법은 헌법개정의 위헌성에 대한 사법심사와 관련된 특별한 조항을 갖고 있지 않았다. 1961년과 1971년 사이에, 1961년 터키 헌법 제147조는 "헌법재판소는 *법률*의 위헌성을 심사한다."고 규정하고 있었다. [48] 그럼에도 불구하고 터키 헌법재판소는 1970년 6월 16일 No.1970/31 [49]과 1971년 4월 3일 No.1971/37 판결 [50]에서, 헌법재판소 스스로 헌법개정의 위헌성을 심사할 권한이 있음을 선언하였다. 왜냐하면 헌법재판소에 의하면 "헌법개정법률(laws of constitutional amendment)"도 또한 자신의 관할권에 속하는 "법률"이기 때문이다. [51]

"법률(law)"이라는 용어가 "헌법개정법률(laws of constitutional amendment)"을 포함하지 않고, 결국 독일, 오스트리아, 터키 헌법재판소의 판결은 근거 없는 것이라는 주장이 있을 수 있다. 그러나 헌법재판소의 판결은 구속력이 있기 때문에, 헌법재판소가 행한 "법률"이라는 용어의 해석은 다른 견해를 가진 사람들이 있는지 여부와 상관없이 유효

---

48) Anayasa [헌법] 제147조 (1961)(터키). 1971년 개정되기 전의 1961년 터키 헌법의 영어 번역본은 Constitution of the Turkish Republic (Sadik Balkan/Ahmet E. Uysal/Kemal H. Karpat 번역, 1961). http://www.anayasa.gen.tr/1961constitution-text.pdf 에서 이용가능 (2007년 3월 20일 마지막 방문).

49) 8 Anayasa Mahkemesi Kararlar Deggisi [이후부터는 AMKD로 지칭함] [Reports of the Decisions of the Constitutional Court] 313 (1970).

50) 9 AMKD 416 (1971).

51) 8 AMKD 313, 322쪽 (1970); 9 AMKD 416, 428-429쪽 (1971).

한 것이다. 그러므로 헌법재판소가 "법률"이라는 용어에 "헌법개정법률"을 포함하는 것으로 해석하였고 이에 따라 헌법개정의 위헌성 여부에 대한 심판할 관할권을 갖는다고 선언했다면, 이 결정의 유효성을 문제삼을 수는 없다. 이 결정을 비판할 수 있을지라도 그것은 여전히 유효하고 법적 중요성을 가진다. 예를 들자면 미국 연방대법원은 유명한 Marbury v. Madison 사건에서, 미국 헌법이 명시적으로 대법원에게 법률의 위헌성을 심사할 권한을 부여하지 않았더라도 대법원이 법률의 위헌성을 심사할 수 있는 관할권을 가진다[52]고 선언했다. 이에 따라 지난 2세기 동안, 미국 연방대법원은 법률의 위헌성을 심사해왔고, 일부 사건에서는 그들 법률의 일부에 대하여 위헌이라고 선언하였다. 많은 법률가들과 학자들은 미국 연방대법원의 일부 판결들을 강하게 비판해 왔지만, 연방대법원은 법률의 위헌성을 계속하여 심사하고 있다. 헌법개정에 대한 위헌성 심사에 있어서도 마찬가지로 말할 수 있다. 헌법재판소가 헌법으로부터 특별한 권한을 부여받지 않았다 하더라도, 헌법재판소 스스로 헌법개정의 위헌성을 심사할 권한이 있음을 선언할 수 있고, 비록 그러한 판결들이 비판받을 수는 있을지언정 유효한 것이다.

---

52) 5 U.S. (1 Cranch) 137 (1803).

*   *   *

심사의 범위 – 위에서 설명한 바와 같이, 헌법개정의 위헌성에 대한 사법심사는 오스트리아, 독일, 인도, 루마니아, 터키 그리고 미국과 같은 일부 국가에서는 가능하다. 그럼 이제 이러한 국가들에서 헌법개정에 대한 사법심사의 범위가 결정되어야만 할 것이다. 헌법재판소는 형식과 실질 양쪽 측면 모두에서 헌법개정의 위헌성을 심사할 수 있는가? 이 질문에 답하기 위해서는 논의를 둘로 세분화하는 것이 적절하다: 헌법재판소가 헌법개정의 형식적 적정성을 심사할 수 있는지와 헌법재판소가 헌법개정의 실질(내용)을 심사할 수 있는지? 이 두 질문을 이 책의 다음 장에서 자세히 살펴볼 것이다.

제2장

헌법재판소가 헌법개정의 형식적·절차적 적정성을 심사할 수 있는가?

　형식과 절차의 측면에서 헌법개정의 위헌성을 심사하는 것, 다시 말해 헌법개정의 형식적 적정성을 심사하는 것은 헌법에 규정된 헌법개정안 제안·심의·채택·비준·공포의 요건들이 충족되었는지 여부를 검증하는 것이다. 헌법을 개정하기 위해 많은 헌법들이 국회 재적의원 혹은 투표 총수의 3분의 2나 5분의 3과 같은 가중다수결을 요구한다. 다른 헌법들은 국민투표로써 헌법개정의 확정이 이루어지도록 규정하고 있다. 헌법개정이 그러한 절차 규정과 합치하여 이루어 졌는지를 검증하는 것이 헌법개정의 "형식적 · 절차적 적정성 심사"이다. 예를 들어, 헌법에 헌법개정을 위해 국회 재적의원 3분의 2의 찬성을 필요로 한다고 규정되어 있음에도 헌법개정이 국회 재적의원 5분의 3의 다수로 채택된다면, 이 헌법개정은 형식적 측면에서 헌법을 위반한 것이다. 이것은 곧 헌법재판소가 그러한 헌법개정을 심사하여 무효화시킬 수 있는가의 문제가 된다.

　이 문제에 대해 긍정적으로 답할 수 있다. 헌법재판소 스스로 헌법개정에 대해 심판할 권한이 있다고 선언했다면, 헌법재판소는 형식적 · 절차적 적정성을 심사할 수 있다. 헌법개정은 오로지 헌법에 규정된 형식적 · 절차적 요건에 합치하여 이뤄진 경우에만 유효하다. 예를 들어, 헌법이 국회 재적의원 3분의 2 다수를 요건으로 한 경우, 헌법개정이 국회의 절대다수(과반수)에 의해 채택된다면 그러한 헌법개정은 무효이다. 마찬가지로, 헌법이 헌법개정안 확정을 위해 국민투표를 요건으로 한 경우, 헌법개정이 그러한 국민투표 없이 발효된다면 그러한 헌법개정 역시 무효가 될 것이다. 결국 헌법재판소는 헌법개정이 개정의 형식과 절차에 합치하는지를 심사할 수 있고, 헌법재판소가 당해 헌법개정이 그러한 형식적 · 절차적 요건에 반한다고 판단한다면 그 개정이 무효임을 선언할 수 있다. 이러한 방식으로 미국 연방대법원, 오스트리아 연방헌법재판소, 터키 헌법재판소는 헌법개정에 대해 형식적 · 절차적 측면에서의 헌법합치성 여부를 심사하였다.

I. 미국 연방대법원

다음은 미국 연방대법원에서 헌법개정의 형식적 · 절차적 적정성을 심사한 사례이다.

1. Hollingsworth v. Virginia[1]

Walter Dellinger가 언급했듯이,[2] 미국에서는 헌법개정에 대한 사법심사가 법률에 대한 사법심사보다 오래되었다. 미국 연방대법원의 헌법개정의 위헌성에 관한 첫 번째 결정은 1798년 Hollingsworth v. Virginia 사건에서였다. 이 사건은 법률에 대한 사법심사가 이루어진 1803년 Marbury v. Madison 사건보다 5년 빠른 것이다. Hollingsworth v. Virginia 사건에서 11차 헌법개정이 헌법에 합치되게 채택되지 않았다는 점이 다투어졌다. 왜냐하면 헌법 제1조 제7항 제3문에 의해 요구되는 것으로 주장된, "승인받기 위해 대통령에게 제출되지 않았기 때문이었다."[3] 미국 연방대법원은 "대통령의 거부권은 의회에서 제정되는 일반 법률의 경우에만 적용되는 것이다: 즉 헌법개정을 제안하고 채택하는데 있어 대통령

---

1) 3 U.S. (3 Dallas) 378 (1798).

2) Walter Dellinger, *The Legitamacy of Constitutional Change: Rethinking the Amendment Process,* Harv. L. Rev. 386, 403 (1983).

3) 3 U.S. (3 Dallas) 378, 379쪽 (1798).

은 아무런 관련이 없다."라고 하여[4] 이러한 주장을 배척하였다. 이 사건
에서 미국 연방대법원은 11차 개정헌법이 "헌법에 합치되게 채택"되었
다고 선언하였다.[5]

2. National Prohibition Cases (State of Rhode Island v. Palmer, and Seven Other Cases)[6]

이 사건들에 있어서는 특히, 제18차 개정이 출석의원 3분의 2로 채택되
었고, 이것은 다툼의 여지는 있으나 헌법 제5조[7]에서 요구되는 양원 재적
의원 3분의 2로 채택된 것이 아니라고 주장되었다. 미국 연방대법원은 이
러한 주장을 배척하고 다음과 같이 판시하였다. "헌법개정 제안에서 요구
되는 상원과 하원 각각 투표의 3분의 2는 출석의원 3분의 2의 투표를 말
하는 것으로, 출석의원(일정 정족수의 출석을 전제하는) 3분의 2의 투표
이지 출석여부와 관계없이 재적의원 전체의 3분의 2의 투표는 아니다."[8]

---

4) 같은 곳, 382쪽.

5) 같은 곳.

6) 253 U.S. 350 (1920).

7) 제5조는 다음과 같이 규정한다. "양원 3분의 2가 필요하다고 간주하는 경우에는 언제나
의회는 이 헌법에 대한 개정안을 제안할 수 있다."

8) 253 U.S. 350, 386쪽 (1920).

3. Dillon v. Gloss[9]

이 사건 또한 미국에서 주류(술 등)의 제조·판매·운송을 금지하는 제 18차 개정과 관련이 있다. J. J. Dillon은 1920년 1월 17일 체포되었고 금주법(National Prohibition Act)을 위반하여 주류를 운송한 혐의로 기소되었다. Dillon은 인신보호영장을 청원하였으나 그의 청원은 명령으로 거부되었다.[10] 이 명령에 대해 Dillon은 연방대법원에 항고하였다. 항고 이유는 두 가지였다. 첫째, Dillon은 제18차 개정헌법 Section 3[11]에 규정되어 있는 비준을 위한 7년의 시간제한이 합리적이지 않다고 주장하였다. 미국 연방대법원은 이 주장을 배척하고, 의회가 개정안에 대한 비준을 위한 시간제한을 조정할 권한이 있으며 7년이라는 기간은 합리적이라고 판시하였다.[12] 둘째, Dillon은 개정(헌법조항)이 그가 체포된 날짜인 1920년 1월 17일에는 발효되지 않았다고 주장하였다.[13] 비준에 필요

---

9) 256 U.S. 368 (1921).

10) *Ex parte* Dillon (D.C.) 262 Fed. 563, 256 U.S. 368, 370쪽 (1921)에서 인용.

11) 18차 개정헌법 Sec. 3은 다음과 같이 규정한다. "이 조항은 의회가 주들에 제출한 날로부터 7년 이내에 헌법에 규정된 바대로 주의 입법부에 의해 비준되지 않는 한 효력을 가지지 못한다."

12) "우리의 견해로는, 비준에 대한 명확한 기간을 고정적으로 규정하여 모든 사람이 그것을 알 수 있고 합리적인 기간이 어느 정도인지를 고민하는 것을 회피할 수 있게 할지 여부의 문제는, 비준방식을 정하는 의회권력의 부수적인 부분으로서 의회가 결정할 문제라고 본다. 이 사건에서, 규정된 7년이라는 기간은, 명확한 기간을 설정할 권력이 존재하는 경우 합리적인 것이라는데 의심의 여지가 없다. 또한 그 이전의 개정들이 그 기간 내에 비준되었던 것이라는 점을 고려할 때 역시 의심의 여지가 있을 수 없을 것이다.(256 U.S. 368, 376쪽 (1921))"

13) 256 U.S. 368, 371쪽 (1921).

한 마지막 주(州)가 1919년 1월 16일 개정을 비준하였고 1919년 1월 29
일에 국무장관이 비준을 확인하였다.[14] Dillon은 개정헌법 제1조가 개정
사항이 비준일로부터 1년 후, 즉 1920년 1월 29에 발효된다고 규정하고
있기 때문에, 항고인은 1920년 1월 17일 자신의 체포 당시는 법적 근거
가 없는 것이라고 주장하였다. 연방대법원은 Dillon의 주장을 배척하였
는데, 그 이유는 장관의 선언은 효력을 발하는 데 있어서 필요한 사항이
아니며, 개정절차는 마지막 비준을 한 주(州)에 의하여 모두 이행된 것
이므로 개정의 효과는 그러한 비준일로부터 1년 후인 1920년 1월 16일
에 발효된다는 것이었다.[15]

4. United States v. Sprague[16]

이 사건 또한 제18차 개정과 관련이 있다. 제18차 개정은 헌법제정회
의체(Conventions)에 의해서가 아니라 주(州)의회에 의해 비준되었다. 이
개정은 오직 헌법제정회의체에 의해서만 비준될 수 있다는 것이 제소자들
의 주장이었다. 그들이 주장하기를 헌법제정자의 의도는 "개인들에 대한
새로운 직접적인 권력을 미연방에 부여하는 개정은 헌법제정회의체으로
비준되어야만 하는데, 제18차 개정이 바로 이러한 성격의 개정이다.[17]"

---

14) 같은 곳, 376쪽.

15) 같은 곳, 377쪽.

16) 282 U.S. 716 (1931).

17) 같은 곳, 719쪽.

라고 하였다. 미국 연방대법원은 이러한 주장을 배척하고 비준의 방식을 선택하는 것은 의회의 단독 재량에 달려있는 것이라고 판단하였다.[18]

5. Coleman v. Miller[19]

1924년 6월 연방하원은 *아동노동 개정*이라고 알려진 헌법개정을 제안하였다.[20] 1925년 1월, Kansas주 의회는 제안된 헌법개정을 거부하는 결의안을 채택하였고, 결의안의 공증 사본을 미 국무장관에게 보냈다.[21] 12년 후인 1937년 1월, Kansas주 의회는 동일한 헌법개정안을 비준하였다. Kansas주의 21명의 상원의원과 3명의 하원의원은 Kansas주 대법원에서 직무집행영장의 본래 절차를 통해 비준의 유효성을 공격하였다. 그들은 Kansas주 국무장관이 헌법개정안 비준 결의안을 인증하는 것을 막으려고 하였다.[22] 이에 Kansas주 대법원은 직무집행영장 발부를 거부하였고 Kansas주 의회의 비준이 유효하다고 인정하였다.[23]

이 사건은 연방대법원에 상고되었다. 원고는 두 가지의 주요한 무효사

---

18) 같은 곳, 730쪽.

19) 307 U.S. 433 (1939).

20) 아동노동 개정은 다음을 규정하였다. "의회는 18세 이하의 사람의 노동을 제한, 규율, 금지할 권력을 가진다." (H.R.J. Res. 184, 68th Cong., 1st Sess., 43 Stat. 670 (1924), Dellinger, 위 각주 2, 389쪽에서 인용)

21) 307 U.S. 433, 435쪽 (1939).

22) 같은 곳, 436쪽.

23) 같은 곳, 437쪽.

유를 주장하였다: (1) Kansas주 의회는 처음에 거부했던 헌법개정안을 사후에 비준할 수 없다. (2) 1924년 제안된 개정안은 시간 경과로 인해 그 생명력을 상실하였고, 따라서 1937년 Kansas주 의회가 이를 비준할 수 없다.[24] 대법원은 이러한 주장을 배척하였다. 이전에 이루어진 개정안 거부의 효력 문제 및 비준을 위한 제출 이후의 시간 경과의 효력 문제는 "정치적 문제일 뿐 사법심사의 대상으로 볼 수 없다"고 판시하였다.[25] 이러한 문제들과 관련하여 연방대법원은 "헌법개정 채택의 공포를 통제하는 종국적 결정권은 의회에 있다"고 결론지었다.[26]

　요약하자면, 미국 연방대법원은 Hollingsworth v. Virginia,[27] National Prohibition Cases,[28] Dillon v. Gloss,[29] United States v. Sprague(1931)[30] 사건에서 헌법개정이 채택되는 절차의 적정성을 심사하였다. 그러나 Coleman v. Miller사건[31]에서는 연방대법원은 *아동노동 개정*의 절차적 적정성에 관한 심사를 거부하였다. 그 이유는 그 개정의 제안과 비준이 "정치적 문제"로 간주되었기 때문이다.[32]

---

24) 같은 곳, 451쪽.

25) 같은 곳, 454쪽.

26) 같은 곳, 456쪽.

27) 3 U.S. 378 (Dall.)(1798).

28) 253 U.S. 350 (1920).

29) 256 U.S. 368 (1921).

30) 282 U.S. 716 (1931).

31) 307 U.S. 433 (1939).

32) 같은 곳, 454쪽.

II. 오스트리아 헌법재판소

먼저, 1920년 오스트리아 헌법에서는 (1929년 수정되었고, 1945년 다시 회복됨) 헌법개정의 실질적인 한계가 없다는 점이 지적되어야 한다. 다시 말해, 헌법의 모든 조항이 개정될 수 있다는 것이다. 그러나 오스트리아 헌법은 헌법개정의 형식과 절차의 요건을 규정하고 있다. 헌법 제44조는 헌법의 *부분개정(partial revision)*과 *전면개정(total revision)*을 구별하고 그 둘 사이에 서로 다른 절차를 부여한다. 헌법 제44조 제1항에 따르면 헌법개정이 "헌법률(*Verfassungsgesetz*)" 혹은 "헌법조항(*Verfassungsbestimmung*)"이라 불리는 부분개정에 해당하는 개정의 경우에는 의회에 의해서 확정될 수 있다. [33] 그러나 동조 제3항은 헌법의 "전면개정(*Gesamtänderung*) [34]"에

---

33) 오스트리아 헌법 제44조 제1항은 다음과 같이 규정한다. "단순한 법률 형식을 띤 헌법률 (constitutional laws) 또는 헌법적 규정들(constitutional provisions)은 National Council에서 최소한 재적 과반수 출석에 유효투표수 3분의 2이상의 찬성으로 통과될 수 있다. 그것들은 명시적으로 '헌법률(constitutional law)' 또는 '헌법적 규정(constitutional provision)'으로 특정되어야 한다." (1920년 오스트리아 연방헌법(Bundes-Verfassungsgesetz)의 영어 번역본은 베니스위원회 CODICES 데이터베이스에서 이용가능. http://codices.coe.int; *select* Constitutions > Englich > Europe > Austria (2007년 3월 20일 마지막 방문).

34) 일반적으로는 다음을 참조할 것. Alexander Somek, *Constitutional Theory as a Problem of Constitutional Law: On the Constitutional Court's Total Revision of Austrian Constitutional Law*, Vienna Working Papers in Legal Theory, Political Philosophy, and Applied Ethics, No.7, Vienna 1998. http://www.juridicum.at/component/option.com_docman/task.doc_download/gid. 21/Itemid. 91/ (2006년 7월 26일 마지막 방문).

해당하는 개정의 경우에는 국민투표에 회부될 것을 요구한다. [35]

1. Decision of December 12, 1952 (Länder Citizenship) [36]

이 사건에서는 주시민권(*Länder* Citizenship)에 관한 헌법률이, 그것
이 "전면개정"이기 때문에, [37] 다툼의 여지는 있으나 헌법 제44조 제3항
에 요구되는 것처럼 국민투표에 의하여야 함에도 그러지 아니하고, 의
회에 의해 채택되었다는 이유로 헌법위반이라고 주장되었다. 이 사건에
서 오스트리아 헌법재판소는 역사상 처음으로 자신이 헌법개정의 위헌
성을 심판할 권한이 있는지 여부의 문제에 관하여 심판할 기회를 가졌
다. 오스트리아 헌법재판소는 이 문제에 관하여 다음과 같은 방식으로
답하였다. 첫째, 헌법재판소는 헌법률의 *실질(내용)*에 관해서는 "일반적
으로 그러한 심사를 위한 어떠한 기준도 없기 때문에[38]" 위헌성을 심사
할 권한이 없다고 선언하였다. 그러나 *절차*에 관해서는 헌법률의 위헌성

---

35) 오스트리아 헌법 제44 제3항은 다음과 같이 규정한다. "연방헌법의 전면개정은 모두 위
   의 제42조에 따른 절차의 결과에 따라야 하지만, 연방대통령에 의해 인증되기 전에 전체
   국민의 국민투표에 회부되어야 한다." (위 각주 33)

36) Sammlung der Erkenntnisse und Beschlüsse des Verfassungsgerichtshofes [이후로는
   VfSlg로 지칭함] [Reports of the Decisions of the Federal Constitutional Court], No.
   2455, Taylor Cole, *Three Constitutional Courts: A Comparison*, 3 Am. Pol . Sci. Rev. 963,
   974 (1959)에서 인용.

37) Sylvie Peyrou-Pistouley, La Cour Constitutionnelle et Le Controle de La Constitu-
   tionnalite des Lois En Autriche [The Constitutional Court and the Control of the
   Constitutionality of Laws in Austria] 176 (Economica 1993)

38) VfSlg, No. 2455, Cole, 위 각주 36, 974쪽에서 인용 .

을 심사할 권한이 있다고 선언하였다. 그 이유는 헌법률은 헌법 제44조
에 규정된 절차에 합치되게 제정되어야만 하기 때문이다.[39] 동조 제3문
에서는 "연방헌법의 전면개정은 전 국민에 의한 국민투표에 회부되어야
한다."고 규정하고 있다. 따라서 헌법재판소에 따르면 문제된 헌법률이
"전면개정"인지 여부를 결정하는 것이 필요하다. 만약 이 헌법률이 "전
면개정"으로 간주될 경우, 국민투표에 의해 채택된 것이 아니기 때문에
헌법 제44조 제3항에 위반되는 것이고 따라서 연방헌법재판소가 "전면
개정(*Gesamtänderung*)"이 무엇인지 정의내리는 것이 필요하다. 일견 "전
면개정"이라는 것은 헌법의 모든 조항의 개정으로 보이지만, 오스트리아
헌법재판소는 "전면개정"이 연방헌법의 "지도적 원리(*leitender Grundsatz*)"
들 중 하나에 영향을 미칠 수 있는 헌법개정을 의미한다고 정의한다.[40]
그리고 이 판결에서 헌법재판소는 민주주의 원리, 법치주의 원리, 그리
고 연방제 원리를 "지도적 원리"로 보았다. 결국, 그러한 기본 원리들에
영향을 미치는 헌법개정이 국민투표 없이 채택된다면, 이는 헌법 제44조
제3항을 위반하게 될 것이다. 그러나 이 사건에서 헌법재판소는 의회에
의해 확정된 주시민권(*Länder* Citizenship)에 관한 헌법률이 그러한 기본
원리들 중 하나에 영향을 끼치는 것은 아니라는 이유로 헌법 제44조 제3

---

39) VfSlg, No. 2455, Peyrou-Pistouley, 위 각주 37, 176쪽에서 인용.

40) VfSlg, No. 2455, Otto Pfersmann, *La révision constitutionelle en Autriche et en Allemagne fédérale: théorie, pratique, limites [Constitutional amendment in Austria and Federal Germany: Theory, Practice, Limits]*, La Revision de La Constitution [Amendment of the Constitution] 7, 40 (Economica & Presses universitaires d'Aix-Marseille 1993)에서 인용.

항에 반하는 것이 아니라고 판시하였다. 따라서 이것은 "전면개정"에 해당하지 않고 국민투표에 회부될 필요가 없다는 것이다.[41]

민주주의 원리, 법치주의 원리, 연방제 원리가 오스트리아 헌법재판소에 의해 "지도적 원리(leading principle)"들로 간주된 것이고, 그들이 "불변의(개정이 불가능한) 원리(immutable principle)"는 아니라는 것을 강조하는 것은 중요하다. 그러나 그러한 원리들 중에 하나에라도 영향을 미치는 헌법개정은 반드시 연방 전체국민의 국민투표에 회부되어야 한다.

2. Decision of June 23, 1988[42]

오스트리아 헌법재판소는 이 결정에서, 택시면허에 관한 헌법률[43]이 헌법의 "전면개정"에 해당하고 따라서 국민투표에 의해 승인되어야 하는데, 이 사건에서는 그것이 의회 결정 방식에 의해 확정되었다고 판단하였다. 결국 헌법재판소는 이 헌법률이 헌법 제44조 제3항을 위반하였다고 선언하였고 그것을 무효화시켰다.[44]

---

41) VfSlg, N.2455, Cole, 위 각주 36, 974쪽의 인용.

42) VfSlg, 29, V 102/88, Siegbert Morscher, *La hiérarchie des normes constitutionnelles et sa fonction dans la protection des droits fondamentaux [The Hierarchy of Constitutional Norms and its Function in the Protection of fundamental Rights]*, (Ulrike Steinhorst 번역), 6 Annuaire International de Justice Constitutionnelle 25, 34 (1990)에서 인용.

43) Bundesgesetzblatt [Official Gazette of Federal Laws], 1987/281, Pfersmann, 위 각주 40, 38쪽에서 인용.

44) VfSlg, 29, V 102/88, Morscher, 위 각주 42, 34쪽에서 인용.

3. Decision of September 29, 1988[45]

1986년, 헌법률은 교통법규 위반자를 사건현장에서 식별할 수 없는 교통법규 위반에 운전자가 관련된 경우, 자신의 차량을 운전하는 운전자의 성명을 차량소유주가 제공할 의무를 지웠다.[46] 오스트리아 헌법재판소는 이 헌법률을 무효화하지는 않았으나, 의회 결정 방식으로 확정된 모든 헌법률은 연방헌법의 기본 원리들에 합치되어야만 한다고 언급함으로써 자신의 판례법을 유지하였다.[47] 그렇지 않은 경우 헌법 제44조 제3항이 요구하는 바대로 국민투표에 의해 확정되어야 한다.

4. Decision of March 10, 2001[48]

헌법의 어떤 조항은[49] 공공계약의 낙찰을 심사하기 위해 설치된 기관의 조직과 관할에 관한 주법률을 위헌으로 보아서는 안 된다고 규정하

---

45) VfSlg, 11.829, Pfersmann, 위 각주 40, 39쪽; G 72, 102-104, 122-125, 136, 151-160/88 에서 인용, Morscher, 위 각주 42, 35쪽에서 인용 .

46) Bundesgesetzblatt [Official Gazette of Federal Laws], 1986/106, Pfersmann, 위 각주 40, 39쪽에서 인용 .

47) VfSlg, 11.829, Morscher, 위 각주 42, 35쪽에서 인용 .

48) G 12/00, G 48-51/00. 이 결정의 영문개요는 베니스위원회 CODICES 데이터베이스에서 인용가능. http://codices.coe.int (AUT-2001-1-003) (2007년 3월 21일 마지막 방문).

49) 연방조달법(*Bundesvergabegesetz*) 제126조a, 오스트리아 헌법재판소 2001년 3월 10일 결정에서 인용, 베니스위원회 CODICES 데이터베이스에서 이용가능. http://codices.coe.int (AUT-2001-1-003) (2007년 4월 5일 마지막 방문).

고 있었다. 오스트리아 헌법재판소는 동 조항이 "공공조달 심사영역에
서 (공적)기관의 조직과 관할에 관한 모든 주입법들을 연방헌법으로부
터 면제시키고 있다. 따라서 헌법은 이 부분의 법질서에 있어서 자신의
규범력이 박탈당하고 있다."⁵⁰⁾고 판시하였다. 헌법재판소에 따르면, "헌
법의 규범력의 상실"은 헌법의 "기본 원리"인 "법치주의 원리"를 위반한
다. 따라서 이 원리에 영향을 주는 헌법개정은 헌법 제44조 제3항에 따
라 국민투표에 의해 확정되어야 할 필요가 있는 전면개정에 해당한다.
그런데 문제가 된 헌법조항은 국민투표가 아니라 의회에 의해 확정되었
고, 따라서 그것은 위헌이다. 이러한 이유로 헌법재판소는 당해 헌법률
의 조항을 무효화했다.⁵¹⁾

비판 - 비록 오스트리아 헌법재판소가, 위에서 설명한 것처럼 "그러한
심사를 위한 어떠한 기준도 없기 때문에" 헌법개정의 실질을 심사할 관
할권을 갖고 있지 않다고 확인하였음에도 불구하고, 헌법재판소는 "전면
개정"에 관한 자신의 정의에 의거하여, 사실상, 의회의 결정방식으로 확
정된 헌법개정의 내용을 심사하였다. 오스트리아 헌법재판소의 "전면개
정"에 대한 정의는 분명 논란의 여지가 있다. 보통 사람들에게는 헌법의
전면개정이 "헌법의 모든 조항의 개정"을 의미한다. 그러나 위에서 설명
한 바와 같이 오스트리아 헌법재판소에게는 "전면개정"이 헌법의 "지도

---

50) Decision of March 10, 2001, G 12/00, G 48-51/00. 위 각주 48.
51) 같은 곳.

적 원리"중 하나에 영향을 미칠 수 있는 헌법개정을 의미한다. 이러한 정의는, 헌법이 전면개정 그 자체를 정의하고 있지 않기 때문에 근거가 없는 것으로 보인다. 다른 한편, 헌법재판소가 "전면개정"이라는 개념을 정의하는데 원용한 "지도적 원리"는 객관적으로 결정될 수 있는 것이 아니다. 오스트리아 헌법에는 이러한 원리들을 정하는 조항이 없기 때문이다.

III. 터키 헌법재판소

터키 헌법의 판례법은 세 시기로 나누어 볼 필요가 있다. 왜냐하면 헌법개정에 대한 사법심사와 관련하여 헌법적 규율이 각 시기별로 서로 달랐기 때문이다.

A. 1971년 헌법개정 전까지의 1961년 터키 헌법

1971년 개정 이전의 1961년 터키 헌법에서는 헌법개정의 위헌성 문제와 관련된 특별한 조항이 없었다. 그러나 이 기간에 터키 헌법재판소는 헌법개정의 위헌성을 심사할 권한이 있음을 스스로 선언하였고 다음 결정례에서와 같이 헌법개정의 절차적 적정성을 심사하였다.

1. Decision of June 16, 1970, No.1970/31[52]

1961년 터키 헌법 제68조는 특정 범죄로 기소된 자는 그들이 사면받았다 하더라도 국회의원으로 선출될 수 없다고 규정하고 있다. 동조 후단("그들이 사면을 받았다 하더라도") 부분은 1969년 11월 6일 헌법개정으로 삭제되었다.[53] 이 헌법개정은 노동당에 의해서 헌법재판소에 제소되었다. 이 헌법개정은 형식과 내용 모두에 있어서 위헌이라고 주장되었다. 헌법재판소는 형식과 내용 모두에 관해 헌법개정의 위헌성을 심사할 권한이 있다고 스스로 선언하였다.[54] 이 사건에서 헌법재판소는 8:7로 이 헌법개정이 1961년 헌법 제155조에 합치되어 이루어진 것이 아니라고 판시하였다. 1961년 헌법 제155조는 헌법개정안의 채택에 각원의 재적의원 3분의 2 찬성이 필요하다고 규정하고 있었다. 1969년 11월 6일 헌법개정안에 대한 심의에 있어서 의회는 우선 개정안의 조항들을 분리해서 각각 단순다수결로 먼저 표결하였고, 그리고 나서 재적의원의 3분의 2의 찬성으로 전체 개정안에 대해 표결하였다. 헌법재판소는 헌법개정안 전체뿐만 아니라 각각의 조항 역시 국회 재적의원 3분의 2의 찬성이 필요하다고 8:7로 결정하였다. 결국 터키 헌법재판소는 1969년 11월 6일의 헌법개정을 무효화하였다.[55]

---

52) 8 AMKD (터키헌법재판소판례집 – 역자주) 313 (1970).

53) Resmi Gazete [Official Gazette], Nov. 12, 1969, No. 13349.

54) 8 AMKD 313, 322-323쪽.

55) 같은 곳, 325-332쪽.

2. Decision of April 3, 1971, No.1971/37[56]

이 결정에서 터키 헌법재판소는 1970년 4월 17의 헌법개정의 형식적·절차적 적정성을 심사하였다.[57] 헌법재판소는 형식적·절차적 부적정성(하자)를 발견하지 못하였다.[58] 이 결정에서 헌법재판소는 또한 이 개정안의 내용을 심사하였다. 이러한 측면(실질심사)에 대해서는 아래에서 분석할 것이다.[59]

B. 1971년 개정된 1961년 터키 헌법

1971년에 개정된 1961년 터키 헌법 제147조는 터키 헌법재판소가 헌법개정의 형식적 적정성을 심사할 수 있다고 규정하고 있었다.[60] 따라서 1971년부터 1980년까지 헌법재판소는 헌법개정의 *내용*에 대해서가 아니라 *형식*에 대해서만 그 위헌성을 심사할 수 있었다. 그럼에도 불구하고

---

56) 9 AMKD 416 (1970).

57) Resmi Gazete [Official Gazette], Apr. 22, 1970, No. 13578.

58) 9 AMKD 416, 426쪽.

59) 아래 113-115쪽 참조.

60) Anayasa [헌법] 제147조 (1)(1961, 1971년에 개정됨)(터키). 1971년 개정된 1961년 터키 헌법의 영어 번역본은 The Turkish Constitution as Amended (Mustafa Gerçeker/Erhan Yaşar/Orhan Tung 번역, Directorate General of Press and Information 1978), http://www.anayasa.gen.tr/1961constitution-amended.pdf 참조 (2006년 4월 3일 마지막 방문).

아래 설명하는 바와 같이 터키 헌법재판소는 공화제적 국가형태의 개정
을 금지하는 것은 내용적 요건이 아니라 형식적 요건이라고 하였다. 이
기간 동안 터키 헌법재판소는 헌법개정의 위헌성에 관해 5 차례 심사를
하였다. 이 결정례는 아래에서 논한다.

1. Decision of April 15, 1975, No.1975/87[61]

1973년 3월 15일의 헌법개정은 1961년 헌법 제138조에 마지막 문구
를 추가하였다. 이 구절은 "군사법원의 구성원의 과반수는 법관 자격을
가져야 한다. 이 요건은 전시에는 요구되지 아니한다"라고 규정하고 있
었다. 이 구절의 두 번째 문장은 1975년 4월 15일에 헌법재판소에 의해
무효화되었다. 그 이유는, 공화제적 국가형태의 개정금지에 반한다는 것
이다. 헌법재판소의 이유는 다음과 같이 서술될 수 있다: 전시에 있어서
군사법원 구성원의 과반수가 비법관일 수 있다는 사실은(제38조) 법원이
독립적이어야 한다는 원리(제7조)를 위반한 것인바, 동 원리는 법치주의
원리(제2조)의 구성요소이고 이 법치주의의 원리는 공화제적 국가형태
(제1조)의 핵심부분이고, 이 공화제적 국가형태는 1961년 헌법 제9조에
따라 개정될 수 없는 것이기 때문이다.[62]

---

61) 13 AMKD 403 (1975).
62) 같은 곳, 447-448쪽.

2. Decision of March 23, 1976, No.1976/19[63] and October 12, 1976, No.1976/46[64]

1961년 헌법 제38조는 1971년 9월 20일 개정되었다. 개정된 헌법 제38조는 토지수용에 대한 보상은 토지소유자가 이전에 세무관서에 신고한 부동산의 가치를 초과할 수 없다고 규정하였다.[65] 이 새로운 조항이 공화제적 국가형태에 대한 개정금지 조항을 위반한다고 주장되었다. 터키 헌법재판소는 1976년 3월 23일 결정에서 이러한 주장을 배척하고 8:7로, 개정된 헌법 제38조가 공화제적 국가형태에 대한 개정금지 조항에 반하지 않는다고 판시하였다.[66] 그러나 6개월 후 헌법재판소는 1976년 10월 12일 결정에서 8:7로 위 결정을 번복하였다. 그 판결에서 헌법재판소는 개정된 헌법 제38조를 무효화시켰는데, 그 이유는 재정적 가치에 기반하여 수용 보상액을 산정하는 것은 헌법 제36조가 보호하는 재산권의 핵심에 영향을 미친다고 보았기 때문이다. 결국 헌법 제9조에 따라, 제2조에 규정된 바와 같은 법치주의 원리는, 공화제적 국가형태의 구성요소로서 (제1조) 헌법개정으로 변경될 수 없다.[67]

---

63) 14 AMKD 118 (1976).

64) 같은 곳, 252-285쪽.

65) Anayasa [헌법] 제38조 (2)(1961, 1971년 개정됨)(터키). 위 각주 60 참조.

66) 14 AMKD 118, 134-136쪽 (1976).

67) 같은 곳, 274-276쪽.

3. Decision of January 28, 1977, No.1977/4[68]

1961년 헌법 제144조를 수정한 1971년 9월 20일의 헌법개정은 Supreme Council of Judges(법관최고위원회)에 의해 내려진 결정에 대한 사법심사를 배제하였다.[69] 구체적 규범통제의 방식으로, 개정헌법 제144조가 헌법에 위반된다고 주장되었다. 터키 헌법재판소는 이를 인정하였고 "Supreme Council of Judges(법관최고위원회)의 결정을 대상으로 해서는 어떠한 사법적 심급에도 제소해서는 안 된다."고 규정한 헌법 제144조의 개정조항은 공화제적 국가형태의 개정금지 조항에 반한다고 판시하였다. 헌법재판소에 따르면, 사법심사의 배제는 헌법 제2조에 의해 보호되고 터키 공화국의 특징인 법치주의 원리에 영향을 미치는 것이고, 따라서 이러한 배제는 제9조에 의해 규정된 공화제적 국가형태의 개정금지 조항에 해당한다.

4. Decision of September 27, 1977, No.1977/117[70]

1961년 헌법 제137조를 수정한 1971년 9월 20일의 헌법개정은 Supreme Council of Prosecutors(검사최고위원회)의 결정에 대한 사법심사를 배제

---

68) 15 AMKD 106-131 (1977).
69) Anayasa [헌법] 제144조 (1961, 1971년 개정됨)(터키). 위 각주 60 참조.
70) 15 AMKD 444 (1977).

하였다.[71] 구체적 규범통제의 방식으로, 개정된 헌법 제144조가 헌법에 위반된다고 주장되었다. 이전 사건과 유사한 이 사건에서 터키 헌법재판소는 Supreme Council of Prosecutors(검사최고위원회)의 결정에 대해 사법심사를 금지하는 것은 1977년 1월 28일 결정과 관련하여 이미 언급한 이유로, 공화제적 국가형태의 개정금지 조항에 반한다고 판시하였다.

위에서 논의된 결정들에서 터키 헌법재판소는 우선 헌법개정의 *내용*에 관하여 심판 권한이 없음을 스스로 선언하였다. 헌법재판소는 자신이 헌법개정의 *형식적 적정성*만을 심판할 수 있다고 확인한 것이다. 1971년 개정된 1961년 터키헌법 제147조가 명시적으로 헌법재판소로 하여금 오직 헌법개정의 형식적 적정성만을 심사할 권한을 부여했기 때문에 이는 옳은 판단이다.[72] 그러나 헌법재판소가 "형식적 적정성"이라는 개념을 넓게 정의하고 있음을 주의해야 한다. 헌법재판소에 따르면, "형식적 적정성"은 헌법개정의 제안 · 심의 · 비준에 관련된 요건들 뿐만이 아니라, 공화제적 국가형태의 수정 금지도 포괄한다. 다시 말해 헌법재판소의 견해에 따르면, 헌법재판소는 헌법개정이 헌법개정의 형식과 절차적 요건을 규정한 헌법 제155조 뿐만 아니라 공화제적 국가형태가 수정될 수 없다고 규정한 제9조와 합치하는지 여부를 심사할 수 있다. 게다가 이러한 결정들에서 헌법재판소는 "공화제적 국가형태" 개념을 넓게 해석하고 있다. 터키 헌법재판소에 따르면, 헌법 제1조가 규정한 "공화제적 국가형

---

71) Anayasa [헌법] 제137조 (1961, 1971년 개정됨)(터키). 위 각주 60 참조.

72) Anayasa [헌법] 제147조 (1961, 1971년 개정됨)(터키). 위 각주 60 참조.

태” 그 자체 뿐만 아니라 헌법 제2조에 규정된 공화국의 *특징*, 즉 법치주의 · 민주주의 원리 · 사회국가 · 세속주의 등도 또한 개정이 금지된다. 다시 말해 헌법재판소에 따르면, "공화제적 국가형태" 뿐만 아니라 그의 특징 원리들까지도 건드릴 수 없는 것이다.

비판 – 위에서 언급한 터키 헌법재판소의 결정은 심각한 비판의 대상이 될 수 있다. 먼저, 헌법재판소가 정의한 바와 같은 헌법개정의 *형식적 적정성*의 정의는 근거가 박약하다. 헌법개정이 공화제적 국가형태의 불변성(개정불가성)에 영향을 미치는지 여부에 대한 문제는 형식 또는 절차의 문제가 아니라 내용의 문제이다. 왜냐하면 헌법개정의 조문을 보지 않고서는 헌법개정이 공화제적 국가형태의 불변성을 침해하는지 여부를 결정하는 것이 불가능하기 때문이다. 둘째, "공화제 형태"라는 개념을 넓게 해석하는 것도 근거가 박약하다. 왜냐하면 헌법 제9조에 따르면 "터키의 국가형태는 공화국이다"라고 규정하고 있는 조항만이 불변(개정불가) 조항이고 이 조항은 오로지 제1조에서만 발견되기 때문이다. 만약 1961년 헌법의 제정자들이 터키 국가의 공화제적 형태만이 아니라 헌법 제2조에 규정된 그 특징 원리들까지도 보호하기를 원하였다면, 그들은 이러한 특징 원리들의 개정을 금지했을 것이다. 또한 일부 헌법조항의 불변성(개정불가성)은 모든 헌법조항은 개정될 수 있다는 일반원칙의 예외를 형성하는 것이다. 그것은 예외로써 "예외는 엄격

히 해석되어야 한다(*exceptio est strictissimae interpretationis*)[73]"는 원칙에 따라 좁게 해석되어야 한다.

이 책이 터키 헌법재판소에 의해 내려진 위 결정들을 비판한다는 사실에도 불구하고, 그 결정들은 유효한데, 그 이유는 1961년 헌법 제152조에 따라 헌법재판소의 결정은 최종적이고 입법, 행정, 사법기관을 구속하기 때문이다. 아주 근거가 박약하긴 하지만, 이 결정들은 법적인 효과를 낳았다. 예를 들어, 헌법재판소의 결정으로 무효화된 헌법개정의 조항은 그 유효성을 상실하였다. 결국 1971년부터 1980년 사이에 터키에서는 헌법개정의 위헌성 심사는 형식과 내용[74] 양자 모두에서 가능했다고 결론내려질 수 있다.

C. 1982년 터키 헌법

1982년 터키 헌법은 특별히 헌법개정에 대한 사법심사를 규정하고 있다. 헌법 제148조 제1항은 명시적으로 헌법재판소에 헌법개정의 위헌성을 심사할 권한을 부여한다. 그러나 동 조항은 이러한 심사를 형식에 국한하였다. 다시 말하면, 헌법개정은 형식에 관해서만 심사될 수 있고 헌법재판소가 헌법개정의 실질을 심사할 수 없었다. 이에 더하여, 1970년

---

73) 예외는 엄격하게 해석되어야 한다.

74) 이것은 헌법재판소의 "형식적 적정성(formal regularity)"에 대한 해석에 기초한 것이다.

대 동안에 "형식적 적정성" 개념에 관한 헌법재판소의 잘못된 해석으로부터 배운 교훈을 받아들여, 1982년 헌법의 제정자들은 헌법 제148조 제2항에서 "형식에 관한 심사"라는 용어의 범위를 정의하였다. 동 조항에 따르면, 헌법개정의 형식적 적정성의 심사는 "헌법개정의 제안과 투표에서 필요한 정족수가 획득되었는지 여부와, 긴급조치하에서 심의 금지가 준수되었는지 여부를 검토하는데 제한된다."[75] 결국 터키 헌법재판소는 1961년 헌법과 달리 1982년 헌법 하에서는 "형식적 적정성"을 넓게 해석함으로써 헌법개정의 내용을 심사할 수 없게 되었다.

현재(2006년 12월)까지 터키 헌법재판소는 1982년 헌법 하에서 헌법개정의 위헌성을 심판할 기회를 단 한 번 가졌다. 1987년 5월 17일 헌법개정에 관한 법률과 관련하여 터키 의회 의원의 5분의 1이 헌법재판소에 그 무효화를 요구하는 청구를 하였는데, 그 헌법개정에 관한 법률의 제정이 헌법조항과 충돌한다는 것이 이유였다. 1987년 6월 8일 NO. 1987/15의 결정에서[76] 헌법재판소는 헌법 제148조 제1항에 언급된 이유(헌법개정의 제안과 투표에서 필요한 정족수가 획득되었는지 여부와, 긴급조치하에서의 심의 금지가 준수되었는지 여부) 이외의 다른 어떤 이유를 근거로 하여 무효화 청구를 인용할 관할권이 자신에게 없다고 판시하였다. 따라서 헌법재판소는 그러한 무효청구가 받아들여질 수 없는 것

---

75) Anayasa [헌법] 제148조(2) (1982)(터키). 1982년 헌법의 영어 번역본은 http://www. byegm.gov.tr/mevzuat/anayasa/anayasa-ing.htm에서 이용가능. (2007년 3월 5일 마지막 방문).

76) 23 AMKD 282 (1987).

이라고 선언하였는데, 그 이유는 그러한 청구가 근거를 두고 있는 법적 항변이 제148조 제1항에 제한적으로 열거되어 있는 절차적 부적정성 중에 하나가 아니기 때문이라는 것이었다.

제3장

헌법재판소가 헌법개정의 실질(내용)을 심사할 수 있는가?

앞서 우리는 오스트리아, 독일, 인도, 아일랜드, 터키, 미국과 같은 몇몇 국가의 헌법재판소가 헌법개정에 대해 심판할 권한을 가지고 있으며 헌법개정의 형식적·절차적 적정성을 심사할 수 있다는 것을 살펴보았다. 이제 다음과 같은 질문이 제기되어야 한다: 이들 국가들의 헌법재판소가 더 나아가 헌법개정의 내용을 심사할 수 있는가? 이 질문에 긍정적으로 답하기 위해서는 다음의 질문이 우선 대답되어야 한다: 헌법개정에 여하한 실질적 한계가 존재하는가? 이러한 한계가 없다면 헌법개정의 내용에 대한 사법적 심사는 개념적으로 불가능하다. 왜냐하면 이러한 심사는 헌법개정 조항이 이러한 한계에 부합하는지 여부를 검증하는 것이기 때문이다. 이러한 한계가 존재하지 않는다면, 헌법개정의 내용에 대한 사법심사는 논리적으로 불가능할 것이다. 따라서 헌법재판소가 헌법개정의 내용을 심사할 수 있는지 여부의 문제는 다음과 같이 대답될 수 있다. 헌법에 실질적 한계가 존재한다면 헌법개정의 내용에 대한 사법심사는 가능하다. 그러나, 그러한 한계가 존재하지 않는다면 그 심사는 불가능하다. 이 두 가정은 보다 자세한 분석을 요한다.

I. 헌법에 실질적 한계가 존재한다면 헌법개정의 내용에 대한 사법심사는 가능하다

각각의 헌법들은 헌법개정권력에 대한 각각의 실질적 한계들을 명시적으로 규정한다. 다시 말해서, 각 헌법은 자신의 조항들 중의 일부에 대한 개정을 금지함으로써 몇몇의 "불변의(개정불가한) 원리"를 규정하고

있다. 예를 들어[1], 1958년 프랑스 헌법 제89조,[2] 1947년 이탈리아 헌법
제139조,[3] 1975년 포르투갈 헌법 제288조[4]하에서는 "공화제적 정부형
태"라는 원리가 헌법개정의 대상이 될 수 없다. 마찬가지로 1982년 터키
헌법 제4조는 "공화국으로서의 국가형태를 확립하는 헌법 제1조 조항,
공화국의 특징적 원리에 관한 제2조의 조항, 그리고 제3조의 조항은 개
정되지 아니하며 그들 개정은 제안되지 못한다"고 규정한다.[5] 유사하게
1949년 독일기본법 제79조 제3항은 제1조와 제20조에 규정된 원리들의
개정을 금지한다.[6] 동일한 방식으로 연방 국가들에서는 연방제적 국가
형태 및 구성 국가들의 보호에 관련된 조항들의 개정은 금지된다. 예를
들어, 미국 연방헌법 제5조는 "어떠한 주도 자신의 동의가 없는 한 상원

1) 이러한 한계들의 목록에 관해서는 다음을 참조할 것. Marie-Françoise Rigaux, La Theorie
   des Limits Materielles a l'exercice de la Fonction Constituante [Theory of Substantial'
   Limits on the Exercise of the Constituent Power] 41-93 (Larcier 1985); Kemal Gözler,
   Le Pouvoir de Revision Constitutionnelle [Power of Constitutional Amendment] 287-
   310 (Presses universitaires du Septentrion 1997).

2) 1958년 헌법 제89조 (프랑스). http://www.assemblee-nationale.fr/english/8ab.asp에서
   이용가능. (2007년 3월 21일 마지막 방문).

3) Constitutizione [헌법] 제139조 (1947) (이탈리아). http://www.oefre.unibe.ch/law/icl/
   it00000_.html에서 이용가능. (2007년 3월 21일 마지막 방문)

4) Constituição [헌법] 제288조 (1975) (포르투갈). http://www.parlamento.pt/ingles/
   cons%5Fleg/crp_ing/index.html에서 이용가능. (2007년 3월 15일 마지막 방문)

5) Anayasa [헌법] 제4조 (1982). 1982년 터키 헌법의 영어 번역본은 http://www.byegm.
   gov.tr/mevzuat/anayasa/anayasaing.htm에서 이용가능. (2007년 3월 5일 마지막 방문)

6) Grundgesetz [GG] [헌법] 제79조(1)(1949)(F.R.G.). 1949년 독일 기본법 [*Grundgesetz für
   die Bundesrepublik Deutschland*]의 영어 번역본은 베니스위원회의 CODICES 데이터베이
   스에서 이용가능. http://codices.coe.int/; select Constitutions > English > Europe >
   Germany (2007년 3월 20일 마지막 방문).

에서의 자신의 동등한 표결권을 박탈당하지 아니한다."고 규정한다. 또
한 독일기본법 제79조 제3항에 따르면 "연방을 주(Länder)로 분할하는
것 및 그 주들이 입법절차에 참여하는 것에 영향을 미치는" 개정은 금지
된다.[7] 유사한 제한이 1900년 호주 헌법 제128조 제6항에도 존재한다.[8]

　이러한 실질적 한계의 법적 유효성은 헌법제정권력에 의해 헌법에 규
정되었기 때문에 논란의 여지가 없다. 따라서 헌법에 의해서 창설되고 조
직된 권력인 개정권력은, 헌법에 의해 규정된 한계에 구속된다. 결국 헌
법개정이 그 절차의 관점에서 헌법재판소에 의해 심사될 수 있는 국가에
서는, 그들이 위 실질적 한계에 의해 부합하는지 여부의 관점에서도 심
사될 수 있다. 다시 말해서, 헌법재판소는 헌법개정이 헌법에 규정된 대
로 의회 과반수에 의해 채택되었는지 여부의 문제뿐만 아니라 헌법개정
의 내용이 헌법의 불변(개정불가)조항에 합치하는지 여부의 문제를 심사
할 수 있다. 이 두 문제 사이에는 법적인 차이가 없다.

　독일과 터키의 헌법재판소 판례법으로부터 헌법개정의 내용에 대한 사
법심사의 사례를 검토하기에 앞서, 비록 모순으로 보이기는 하지만 하나
의 헌법이 한편에서는 헌법개정의 실질적 한계를 부과하면서 다른 한편
으로는 헌법개정의 내용에 대한 심사를 명시적으로 금지할 수도 있다는
점은 언급할 가치가 있다. 예를 들어, 1982년 터키 헌법은 헌법의 첫 세
개 조항은 개정될 수 없다고 규정함으로써 헌법개정에 대한 몇 개의 실

---

7) 같은 곳.

8) 헌법 제128조(6) (1900) (호주). http://www.aph.gov.au/senate/general/constitution/
　chapter8.htm 에서 이용가능. (2003년 5월 21일 마지막 방문).

질(내용)적 한계를 부과하였다.[9] 그러나 동일한 헌법이 헌법재판소에 대하여 헌법개정의 내용에 대한 심사를 배제하고 있다.[10] 이러한 체계에서 이러한 실질적 한계는 헌법재판소의 사법심사에 의해 제재(를 통하여 확보)될 수 없으리라는 것은 명백하다. 헌법재판소의 제재(권)이 없는 상황에서는, 단지 개정권력만이 이러한 한계의 의미를 결정할 권한을 가진다고 결론짓는 것이 가능하다.

헌법개정의 내용에 대한 사법심사의 사례: 독일 및 터키 헌법재판소의 판례법 – 헌법재판소에서 헌법개정이 명시적인 실질적 한계(즉 헌법의 불변조항들)에 합치하는지 여부를 심사하는 방식을 설명하기 위해 독일 및 터키의 헌법재판소의 다음의 사건들을 분석하기로 한다.

A. 독일 연방헌법재판소

독일 연방헌법재판소는 다음의 다섯 사건에서 헌법개정의 내용적 적정성을 심사하였다. 이러한 사건을 살펴보기에 앞서, 1949년 독일기본법에 의해서 헌법개정에 부과된 실질적 한계를 검토하는 것이 적절해 보인다.

---

9) Anayasa [헌법] 제4조 (1982). 위 각주 5 참조.
10) Anayasa [헌법] 제148조 (1982). 위 각주 5 참조.

실질적 한계들 – 1949년 독일기본법 제79조 제3항에 의하면, 연방을 주(Länder)로 분할하는 것, 주들이 입법 절차에 참여하는 것, 또는 제1조 및 제20조에 열거되어 있는 원리들에 영향을 미치는 헌법개정은 금지된다. 제1조[11]는 인간의 존엄의 불가침성의 원리를 선언하고 있으며, 제20조[12]는 민주국가, 사회국가 및 연방국가, 헌법과 법률의 구속력, 헌법적 질서의 수호와 같은 독일공화국의 정치적 및 사회적 구조에 관한 근본 원리들을 포함하고 있다. 독일에서 이러한 원리들은 헌법개정을 통해 수정될 수 없으며, 이러한 이유로 독일에서는 제79조 제3항 "영구 조항(eternity clause)"으로 표현된다.[13]

---

11) 독일 기본법 제1조는 다음과 같이 규정한다.
  "(1) 인간의 존엄은 불가침이다. 이를 존중하고 보호하는 것은 모든 국가 권력의 의무이다.
  (2) 따라서 독일 국민은 불가침·불가양의 인권을 모든 인간 공동체와 평화 그리고 세계의 정의의 기초로써 고백한다.
  (3) 아래의 기본권들은 직접 효력이 있는 법으로써 입법, 집행권, 사법을 구속한다." (위 각주 6 참조.)
12) 독일 기본법 제20조는 다음과 같이 규정하고 있다.
  "(1) 독일 연방공화국은 민주적·사회적 연방 국가이다.
  (2) 모든 국가 권력은 국민으로부터 나온다. 국가권력은 선거와 투표로써 국민에 의하여, 그리고 입법, 집행권 및 사법의 각 기관에 의해서 행사된다.
  (3) 입법은 헌법 합치적 질서에, 집행권과 사법은 법률과 법에 기속된다.
  (4) 이 질서를 폐제하려고 시도하는 자에 대해서는 모든 독일인이, 다른 구조수단이 불가능한 경우에 저항할 권리를 가진다." (위 각주 6 참조.)
13) Nigel Foster/Satish Sule, German Legal System and Laws 198 (3ʳᵈEd. Oxford Univ. Press 2003).

1. Klass 사건 (1970년 12월 15일 결정)[14]

독일기본법 제10조에 의하면 "(1) 서신 · 우편 및 전신의 프라이버시는 불가침이다. [그리고] (2) 그 제한은 법률에 따라서만 명령될 수 있다."고 규정되어 있다. 1968년 6월 24일 이루어진 제17차 개정은[15] 이 조항의 제2문에 다음과 같이 규정하는 한 문장을 삽입하였다. "어떤 제한이 자유민주적 기본질서 또는 연방 또는 주의 존립 또는 안전을 보호하는 데 기여하는 경우, 법률은 관련당사자가 그러한 제한에 대한 통제를 받지 않으며, 법원에 대한 소구가 의회에 의해서 임명되는 기구 및 산하 기구에 의한 심사에 의해 대체된다고 규정할 수 있다." 다시 말해서, 이 개정은 국가안보를 보호하기 위하여 통신의 프라이버시에 대한 침해를 허용하였으며, 나아가 특정 국가안보 사안에서 통신제한조치의 합법성에 관하여 사법심사절차를 의회적 심사로 대체한 것이다.

이러한 헌법개정은 Klass 사건에서 독일 연방헌법재판소에 제소되었다. 1968년 6월 24일의 헌법개정에 의해서 기본법 제10조 제2항에 삽입된 문장은 기본법 제79조 제3항에 의해서 붙변으로(개정불가한 것으로) 선언된 기본원리들을 위반한 것이라고 주장되었다. 보다 자세히 살펴보

---

14) Sammlung der Entscheidungen des Bundesverfassungsgerichts [이하에서는 BverfGE 로 지칭함] [Federal Constitutional Court Reports] 30, 1 (1970). 영어 번역본은 Comparative Constitutional Law: Cases and Commentaries, 659-665쪽 (Walter F. Murphy/Joseph Tanenhaus 번역 및 편집, St. Martin's Press 1977)에서 찾을 수 있다.

15) Bundesgesetzblatt [Federal Law Gazette] Ⅰ, 709, Foster & Sule, 위 각주 13, 551쪽)에서 인용.

면, 통신의 프라이버시에 가해진 제한 및 통신제한조치에 대한 사법심사
를 의회에 의해서 임명된 기관에 의한 통제로 대체한 것은 인간의 존엄,
권력분립, 법의 지배의 기본원리들을 침해하는 것인데, 이 원리들은 전
부가 기본법 제79조 제3항의 불변의 원리들이라는 것이다. 세 명의 강
력한 반대 의견이 있었음에도 불구하고, 연방헌법재판소는 이 주장을 배
척하였으며 제10조 제2항(통신의 프라이버시의 침해 및 통신제한조치의
사법심사의 배제)의 개정부분은 기본법 제79조 제3항에 열거된 인간의
존엄, 권력분립, 법의 지배와 같은 기본법의 불변의 원리에 반하지 않
는다고 판시하였다. 헌법재판소의 다수의견에 의하면, 첫째, 법원에 의
한 사법심사가 아니라 의회에 의해 임명된 기관에 의한 통신제한조치에
대한 통제는 통신제한조치 절차의 적법성의 보장을 위한 충분한 보장이
다.[16] 둘째, 헌법재판소에 따르면 제79조 제3항은 일반 원칙에 대한 예
외이기 때문에 좁게 해석되어야 하고, 동 조항이 "입법자가 헌법개정에
의해서 기본적 헌법 원리들이라도 체계-내재적 방식으로 수정하는 것
을 막아서는 안된다."[17]

엄격한 해석태도를 고수함으로써 독일 연방헌법재판소는 제79조 제3
항이 개정이라는 형식적 법적 수단에 의해서 현행 헌법질서의 실질을 폐
지하는 것 및 전체주의 정권을 창설하는 것을 금지하는 것을 의미한다고

---

16) BverfGE 30, 1 (1970). Comparative Constitutional Law: Cases and Commentaries,
　　위 각주 14, 661쪽에 있는 Renate Chestnut의 번역본을 참조하시오.

17) 같은 곳, 662쪽.

해석하였다. [18] 다시 말해서, 헌법재판소에 의하면 헌법개정의 한계에 부과된 실질적 한계는 제1조 및 제20조에 명시적으로 언급된 것으로 구성된다. 법치주의 원리는 이들 두 조항의 어느 하나에 명시적으로 언급되어 있지 않기 때문에 개정불가 사항이 아니다. [19] 따라서 통신의 프라이버시에 가해진 제한 및 사법심사를 의회에 의해 임명된 기관에 의한 심사로 대체한 것은 기본법 제79조 제3항에 규정된 제1조 및 제20조상의 불변의 원리들 중의 하나에 반하는 것이 아니다. [20]

동 판결에서 세 명의 강한 반대의견이 있었다는 것을 언급해야만 하겠다. [21] 8명 중 3명의 재판관에 의하면[22] 헌법개정은 제79조 제3항에 의거하여 무효화해야 한다고 보았다. 그들은 동 개정은 헌법상 불변의 원리들인 "인간의 존엄성" 원리(제1조) 및 "권력분립" 원리(제20조 제2항)에

---

18) 같은 곳, 661쪽

19) 같은 곳, 662쪽

20) 제10조 제2항의 새로운 개정조항은 *Klass v. Germany* 사건에서 유럽인권법원(European Court of Human Rights)에서도 다투어졌다는 것을 언급하는 것이 적절하다. 유럽법원은 동일한 결론에 이르고 있다. 동 법원은 헌법개정(제10조 제2항)의 목적이 "유럽인권협약(European Convention of Human Rights) 제8조 제2문에 따라 국가안부의 부장 그리고(또는) 무질서나 범죄의 방지에 있다."고 판시하였다. 동 법원은 "사법적 통제를 배제하는 것이 민주사회에서 요구되는 것으로 간주될 수 있는 한계를 넘어선 것은 아니다." 왜냐하면 "유효하고 지속적인 통제를 행사하는데" 통신제한에 대한 의회의 통제로써 충분하기 때문이다. (Klass and others v. Federal Republic of Germany, Judgement of Sept. 6, 1978, Series A, No. 28, §46, 56. HUDOC 데이터베이스에서 이용가능하다 http://cmiskp.echr.coe. int/ 2007년 3월 21일 마지막 방문).

21) 이 반대의견들에 대한 영어 번역본은 Comparative Constitutional Law: Cases and Commentaries, 위 각주 14, 663-65쪽에서 찾을 수 있다.

22) Justives Geller, Dr. von Schlabrendorff, Prof. Dr. Rupp. 같은 곳, 663쪽 참조.

서 파생되는 "개인적 법적 보호" 원리에 반하는 것이라고 주장하였다. [23]

2. "Land Reform I" 사건 (1991년 4월 23일 결정)[24]

문제된 사건은 독일의 통일로부터 발생하였다. 1990년 8월 31일의 독일 통일조약 제41조 제1항 및 부속서 III에서 1945년부터 1949년까지 소련점령 지역에서 수용되고 집단화된 재산은 원소유자에게 반환되지 아니한다고 규정하였다. 이 조약의 동 조항은 1990년 9월 23일 제36차 헌법개정(소위, 통일개정)에 의해 기본법 제143조 제3항[25]에 편입되었다. 14명의 피수용소유자들이 "헌법소원"을 통해 연방헌법재판소에 이 조항의 위헌성을 다투었고, 이 헌법개정은 기본법 제79조 제3항에 반하는 것이라고 주장하였다.

헌법재판소는 우선 헌법개정의 절차적 적정성을 심사하였고 헌법개정이 기본법 제79조 제1항 및 제2항에 합치하여 이루어졌다고 결론을 내

---

23) 같은 곳, 663-65쪽.

24) BVerfGE 84, 90 (1991). Combined Nos. 1 Bvr 1170/90, 1174/90, 1175/90. 이 결정에 대한 코멘트는 다음을 참조할 것. Charles E. Stewart, *"Land Reform" Decision,* 85 Am. J. Int'l L. 690 (1991); Jonathan J. Doyle, *A Bitter Inheritance: East German Real Property and the Supreme Constitutional Court's "Land Reform" Decision of April 23, 1991,* 13 Mich. J. Int'l. L. 832 (1992).

25) 제143조 제3항은 다음과 같이 규정하고 있다. "제1항과 제2항과 독립하여 통일조약의 제41조 및 동조의 집행을 위한 규정들은, 그것들이 이 조약 제3조에 규정한 지역에서 재산권에 대한 침해가 더 이상 취소되어질 수 없다고 규정하고 있는 한에서도 효력을 유지한다."(1982년 헌법 제143조(3) (1982). 위 각주 6)

렸다. 그 다음 헌법재판소는 헌법개정의 내용을 심사하였는바, 즉 개정된 처분(제143조 제3항)이 기본법 제79조 제3항에 규정된 실질적 한계와 합치되는지 여부를 심사하였다. [26] 연방헌법재판소는 제79조 제3항에 열거된 불변의 원리들이 제143조 제3항의 조항(재산의 불반환)에 의해 영향을 받지 않았다고 판시하였다. 헌법재판소에 의하면, 재산 불반환 조항이 기본법 제79조 제3항에 반하는지 여부의 문제는 제기되지 않는데, 왜냐하면 위 수용이 기본법 자체가 아직 효력을 가지고 있지 않았던 때인 1945년부터 1949년까지 이루어진 것이기 때문이다. 다시 말해서, 독일 기본법은 외국 당국에 책임이 있는 수용으로부터 소유자를 보호하지 않으며, 이 사건에서 1945년부터 1949년까지의 수용은 독일민주공화국(동독)이 아닌 소련 점령당국에 책임이 있는 것이다. 따라서 소련 점령 하에 이루어진 수용은 독일연방공화국(통일독일)의 관할 범위 밖에 있었다. [27] 결국, 기본법 제79조 제3항에 규정된 불변의 원리들은 독일 시민의 권리를 외국의 행위에 대하여 보호하는 것이 아니다. 따라서 이러한 불변의 원리들은 재산불반환(제143조 제3항)에 의해 영향받지 않는다.

3. "Land Reform II" 사건 (1996년 4월 18일 결정)[28]

---

26) Michel Fromont/Oliver Jouanjan, *République fédérale d'Allemagne [Federal Republic of Germany]*, 7 Annuaire International de Justice Constitutionnelle 362, 372 (1991).

27) Stewart, 위 각주 24, 696쪽.

28) BVerfGE 94, 12 (1990) (BvR 1452/90, 1459/90, 2031/94). 이 결정에 대한 영문개요는 베니스위원회의 CODICES 데이터베이스에서 이용가능. http://codices.coe.int (AUT-1996-1-009) (2007년 3월 18일 마지막 방문).

이 결정은 위에서 논의한 결정과 동일한 주제를 다루고 있다. 이 사건에서 청구인들은 1945년부터 1949년 사이에 수용된 재산의 보상이 배제된다 하더라도 1949년 이후 수용된 재산은 보상이 가능하기 때문에 기본법 제143조 제3항은 평등원칙에 반하는 것이라고 주장하였으나, 연방헌법재판소는 자신의 이전 결정을 유지하였다. 헌법재판소는, 헌법개정은 기본법 제79조 제3항에 열거된 불변의 원리들 중의 하나에 영향을 미치는 경우에만 위헌으로 간주될 것이라는 점을 다시 한 번 강조하였다. 그리고 헌법재판소에 따르면 "기본법 제3조에 의해 보호되는 평등원칙은 위에서 언급한 원리들에 속하지 않는다."[29] 결국, 헌법재판소는 청구인들의 주장을 배척하였고 기본법 제143조 제3항이 합헌이라고 선고하였다.

4. 망명조항 사건 (1996년 5월 14일 결정)[30]

---

29) 같은 곳.

30) 2 BvR 1938/93; 2 BvR 2315/93. 이 결정의 영문개요는 베니스위원회의 CODICES 데이터베이스에서 이용가능. http://codices.coe.int (GER-1996-2-014) (2007년 3월 15일 마지막 방문). 또한 "New Political Asylum Law Found Constitutional Press Release 27/96 from 14 May 1996"을 참조할 것. http://www.jura.uni-sb.de/Entscheidungen/abstracts/asyl.html에서 이용가능하다 (2007년 3월 14일 마지막 방문). 이 결정에 대한 평석으로는 Bardo Fassbinder, *German Federal Constitutional Court, May 14, 1996: Three Decisions Concerning German Law of Political Asylum*. 91 Am. J. Int'l L. 355 (1997); Reinhard Marx/Katharina Lumpp, *The German Constitutional Court's Decision of 14 May 1996 on the Concept of 'Safe Third Countrie' - A Basis for Burden-Sharing in Europe?* 8 Int. J. Refugee Law 419 (1996); Vicki Traulsen, *The German Federal Constitutional Court's Decision on Asylum Law*, 39 German Yearbook of International Law 544 (1996) 참조.

제16a조는 1993년 6월 28일 제39차 개정에 의해 기본법에 편입되었다. 동조 제2항은 망명권은 "유럽공동체의 구성국으로부터 혹은 난민의 지위에 관한 협약 및 인권과 기본적 자유의 보호를 위한 협약의 적용이 확보되어있는 다른 제3국으로부터 입국하는 그 누구에 의해서도 원용될 수 없다."고 규정하고 있다.[31] 이 조항은 기본법 제79조 제3항에 따라 불변의 원리인 인간의 존엄의 보호에 관한 제1조에 반하는 것이라고 주장되었다. 독일 연방헌법재판소는 이 주장을 배척하였고 망명권은 인간의 존엄의 원리(제1조)에 속하지 않으며, 따라서 제16a조는 기본법 제79조 제3항을 위반하지 않는다고 판시하였다.

같은 날, 연방헌법재판소는 제16a조에 관련된 두 결정을 더 내렸다. 2 BvR 1507/93, 2 BvR 1508/93 결정에서 연방헌법재판소는 "안전한 본국(secure State of origin)"[32]으로부터 온 사람들에 의한 망명신청을 거부할 가능성을 규정한 제16a조 제3항이 기본법 제79조 제3항을 위반하지 않는다고 판시하였다.[33] 2 BvR 1516/93 결정에서 헌법재판소는, 망명신청이 명백히 근거가 없는 경우 망명인정절차가 진행되는 동안 독일연방공화

---

31) GG [헌법] 제16a조(2) (F.R.G.). 위 각주 6 참조.

32) 제16a조 제3항에 의하면 "안전한 국가"란 "법적 상황, 법의 적용, 전반적인 정치적 상황이, 정치적 박해 혹은 비인도적이고 모멸적인 처벌 혹은 대우가 일어나지 않는다는 가정을 정당화하는 국가이다" 이러한 국가는 Bundesrat의 동의가 필요한 입법에 의해 결정되어질 것이다. (위 각주 6 참조)

33) Decision of May 14, 1996, 2 BvR 1507/93, 2 BvR 1508/93. 이 결정의 영문개요는 베니스위원회의 CODICES에서 이용가능하다. http://codices.coe.int (GER-1996-2-015) (2007년 3월 12일 마지막 방문).

국에 체류할 가능성을 제한하는 제4항에 대해 합헌이라고 결정하였다. [34]

5. 주거의 음향 감시 (2004년 3월 3일 결정)[35]

기본법 제13조 제3항은 1998년 3월 26일 제45차 개정에 의해 수정되었다. 개정된 제13조 제3항[36]은 법관의 명령에 근거하여 형사소추 목적으로 주거에 음향 감시를 위한 기술적 수단을 사용하는 것을 검찰에 허용하고 있다. 청구인들은 동 조항이 기본법 제79조 제3항에 따라 불변의

---

34) Decision of May 14, 1996, 2 BvR 1516/93. 이 결정의 영문개요는 베니스위원회의 CODICES 데이터베이스에서 이용가능하다. http://codices.coe.int (GER-1996-2-016) (2007년 3월 12일 마지막 방문).

35) 1 BvR 2378-98, 1BvR 1084-99. 이 결정의 영문개요는 베니스위원회의 CODICES 데이터베이스에서 이용가능하다. http://codices.coe.int (GER-2004-1-002) (2007년 3월 12일 마지막 방문). Andrea Müller에 의한 이 영어 번역은 http://www.jura.uni-sb.de/lawweb/pressreleases/lauschangriff.html > Press Release No. 22/2004, Mar. 3, 2004 (2007년 3월 10일 마지막 방문)에서 찾을 수 있음. 이 결정에 대한 평석으로는 Jutta Stender-Vorwachs, *The Decision of the Bundesverfassungsgericht of March 3, 2004 Concerning Acoustic Surveillance of Housing Space*, 5 German Law Journal 1337 (2004); Nicolas Nohlen, *Germany: The Electronic Eavesdropping Case*, 3 Int'l J. Const. L(I. CON) 680 (2005); Kim Lane Scheppele, *Other People's Patriot Acts: Europe's Response to September 11*, 50 Loy. L. Rev. 89 (2004) http://lsr.nellco.org/upenn/wps/papers/57/ 를 참조 (2007년 3월 5일 마지막 방문).

36) 제13조 제3항은 다음과 같이 규정한다. "일정한 사실이 어떤 사람이 법률에 의해 개별적으로 규정된 특별히 중대한 범죄를 범했다는 의심을 정당화하는 경우 만약에 사안의 확인이 다른 방식으로는 비례에 맞지 않게 어렵거나 가망이 없을 때에는 그 범행의 소추를 위하여 법관의 명령에 의거하여 그 주거의 - 피의자가 머물고 있다고 추정되는 - 청각적 감시를 위한 기술적 수단이 투입되는 것이 허용된다. 조치는 기한부여야 한다. 명령은 3명의 법관으로 구성된 재판부에 의하여 이루어진다. 명령은 지체할 경우에 위험이 있을 경우에는 단독판사에 의해서도 내려질 수 있다." (위 각주 6 참조)

원리인, 제1조에서 보호되는 인간의 존엄의 불가침성을 침해한 것이라고 주장하였다. [37] 독일 헌법재판소는 이 주장을 배척하고 주거의 음향 감시는 인간의 존엄의 불가침성에 영향을 미치지 않는다고 결정하였다. 따라서 동 조항은 기본법 제79조 제3항에 합치된다는 것이다. [38]

B. 터키 헌법재판소

1961년 터키 헌법 제9조에 의하면 "공화국으로서의 국가형태를 규정하는 헌법조항은 개정되지 아니하며 어떠한 제안도 발의되어서는 안 된다."[39] 따라서 1961년 헌법은 개정권력에 대하여 단 하나의 실질적 한계를 규정한 것이다: 공화제적 국가형태의 불가침성. 위에서 설명한 것처럼,[40] 1971년 개정되기 이전의 1961년 터키 헌법은 헌법개정이 사법심사의 대상이 될 수 있는지 여부의 문제에 관한 특별한 규정을 포함하고 있지 않다. 그러나 터키 헌법재판소는 1970년 6월 16일 No.1970/31 결정에서[41] 1969년 11월 6일의 헌법개정의 절차적 적정성을 심사하였

---

37) Stender-Vorwachs, 위 각주 35, 1344쪽.

38) 2004년 3월 3일 결정의 영문개요를 참조. 베니스위원회의 CODICES 데이터베이스에서 이용가능. http://codices.coe.int (GER-2004-1-002) (2007년 3월 12일 마지막 방문)

39) Anayasa [헌법] 제9조 (1982). 위 각주 5 참조.

40) 위 38-39쪽 참조.

41) 8 AMKD 313 (1970).

고 절차적 부적정성을 이유로 동 개정을 무효화하였다. 그 결정에서 터
키 헌법재판소는 헌법개정의 내용을 심사할 권한이 있음을 스스로 선언
하였으나, 동 개정은 절차적 부적정성을 이유로 처음부터 무효화되었기
때문에 헌법재판소는 동 개정의 실질적 적정성에 대하여 심판할 필요가
없다고 판시하였다. [42]

 1971년 4월 3일 결정, No. 1971/37[43] - 1970년 4월 17일의 헌법개정
은[44] 상원의원 선거를 1년 4개월 연기하였다. 터키 노동당은 헌법재판
소에 무효 청구를 하였고 동 헌법개정은 형식 및 실질의 면에서 모두 헌
법에 반하는 것이라고 주장하였으나, 터키 헌법재판소는 이 주장을 배
척하였다. 헌법재판소는 우선 헌법개정의 형식적 적정성을 심사하였으
나 형식적 · 절차적 부적정성을 발견하지 못하였다. [45] 둘째, 헌법재판소
는 실질의 관점에서 헌법재판소에게 헌법개정의 위헌성을 심사할 관할
권이 있는지 여부를 논하였다. 터키 헌법재판소는 제9조에 의해 보호되
는 공화제적 국가형태와 헌법개정이 합치하는지를 심사할 권한이 있다
고 스스로 선언하였다. 게다가, 터키 헌법재판소는 "공화제적 국가형태"
의 개념을 법치주의, 세속주의, 사회국가, 민주주의와 같은 터키 공화국
의 특징 원리들을 포괄한다고 규정함으로써 넓게 해석하였다. 이 사건에

---

42) 같은 곳, 323, 332쪽.

43) 9 AMKD 416 (1971).

44) Resmi Gazete [Official Gazette], Apr. 22, 1970, No. 13578.

45) 9 AMKD 416, 426쪽 (1971).

서 터키 헌법재판소는 1970년 4월 17일의 헌법개정이 공화제적 국가형
태와 합치하는지를 심사하였고 동 헌법개정(상원의원 선거를 1년 4개월
연기한 것)이 공화제적 국가형태의 불가침성에 영향을 미치는 것도 아니
고 헌법의 기본원리에도 영향을 미치는 것도 아니라고 결론을 내렸다.[46]

II. 헌법의 실질적 한계가 존재하지 않는다면
   헌법개정의 내용에 대한 사법심사는 불가능하다

실질적 한계가 존재하지 않는다면 헌법재판소는, 자신이 헌법개정의
내용의 적정성을 평가할 수 있는 기준을 갖지 못하게 되기 때문에 헌법
개정의 내용을 심사할 수 없다. 다시 말해서, 헌법개정에 대한 사법심사
는 개정권력에 대한 내용적(실질적) 한계의 존재를 전제로 한다. 헌법개
정의 실질적 한계가 없는 헌법적 제도에서는 절차적으로 정확하게 성립
한 헌법개정의 내용을 심사할 사법권은 존재하지 않는다.

필자의 관점에서는, 헌법재판소가 헌법개정의 내용을 심사할 수 있는지
여부의 문제에 대한 대답은 위 문단에서 언급한 바와 같이 간단하다. 그러
나 헌법개정권력에 대한 실질적 한계에 이르면, 어떤 학자들은 헌법의 문
언에 명시된 실질적 한계들을 열거하는데 만족하지 아니하고, 더 나아가
헌법개정에 관한 다른 실질적 한계를 찾으려고 시도한다. 그들은 헌법의

---

46) 같은 곳, 429-30쪽.

문언에 명시되어 있지는 않으나 개정권력에 부과될 수 있는 실질적(내용

적) 한계들이 있다고 주장한다. 이러한 종류의 한계들은 "표현된(express)"

혹은 "명시된(explicit)[47]" 내용적 한계에 대비하여 "함축된(implied)",

"묵시적인(implicit)", "내재적(intrinsic)[48]" 내용적 한계라고 불린다. 이들

"주장된" 함축적인 혹은 묵시적인 내용적 한계들은 헌법전에 전혀 적혀

있지 않다. 그들은 일부 헌법 학자들에 의해 발명되거나 발견된 것들이

다. 이러한 이유로 Marie -Françoise Rigaux는 이들 한계들을 "학리 해석

으로부터 추론된 내용적(실질적) 한계들"이라고 명명한다.[49]

---

47) 이러한 명칭들의 예들에 대해서는 다음을 참조할 것. George D. Skinner, *Intrinsic Limi-tations on the Power of Constitutional Amendment,* 18 Mich. L. Rev. 213 (1920); Gary Jeffrey Jacobsohn, *An Unconstitutional Constitution? A Comparative Perspective,* 4 Int'l J. Const. L. (I.CON) 460, 461, 463, 470, 471, 474, 478, 480쪽 (2006); Virgilio Afonso da Silva, *A Fosilied Constitution,* 17 Ratio Juris 454, 458-459쪽 (2004).

48) "implied", "implicit", "intrinsic substantive limits"과 같은 문구는 오해를 낳을 수 있다는 점을 주의해야 한다. 왜냐하면, "implied", "implicit", "intrinsic"과 같은 수식어는 이러한 한계들이 헌법 자체 내에 실질적으로 포함되어 있는 것 같은 인상을 만들기 때문이다. 그러나 실제로는 이러한 한계들은 헌법의 조문으로 규정되어 있는 것이 아닐뿐만 아니라 그들은 헌법의 조항으로부터 직접적으로 혹은 간접적으로 추론할 수도 없다. 다시 말해서, 한계로 주장되는 이들은 헌법전에 그 원천을 찾을 수 없다. 형용사 "함축된(implied)"은 Oxford English Dictionary에 "함축에 의해 포함되거나 언급된; 표현된 어떤 것에 관련되는; 표현되지는 않았으나 필시 의도된"으로, "묵시적인(implicit)"은 "분명하게 표현되지 않은 채 함축된"으로, "내재적(intrinsic)"은 "사물 그 자체에 속하는, 또는 그 본성상"으로 정의하고 있다 (http://www.oed.com, 2007년 3월 22일 마지막 방문).

49) Rigaux, 위 각주 1, 95쪽.

A. 묵시적인 내용적 한계의 존재에 찬성하는 논거

헌법개정에 있어서 소위 함축된 내용적 한계들의 존재에 찬성하여 몇 개의 논거들이 제시되었다. 이 논거들은 다음의 세 개의 카테고리로 묶을 수 있다.

1. "개정하다(Amend)"라는 단어의 해석에 기초한 논거들

Walter F. Murphy에 따르면 "라틴어 *emendere*에서 유래한 단어 *amend*는 고치거나 개선하는 것을 의미한다; 개정(amend)하는 것은 '해체하는 것 및 재구성하는 것'을 의미하지 아니한다."[50] 1919년 William L. Marbury 는 "헌법을 '개정할' 권력은 헌법을 '*파괴할*' 권력을 포함할 것을 의도하지 않는다."고 확인하였다.[51] "개정하다(amend)"라는 단어의 이러한 의

---

50) Walter F. Muphy, *Merlin's Memory: The Past and Future Imperfect of the Once and Future Polity, in* Responding to Imperfection: The Theory and Practice of Constitutional Amendment 117 (Sanford Levinson ed. Princeton Univ. Press 1995). http://site. ebrary.com/lib/kocuniv/Doc?id=10035811&ppg=178에서도 찾아볼 수 있다 (2007 년 3월 16일 마지막 방문).

51) William L. Marbury, *The Limitations upon the Amending Power,* 33 Harv. L. Rev. 232, 225 (1919). 원문에 있는 강조. *Minerva Mills* 사건에서 인도 대법원은 그의 주장을 확인했다. "파괴할 권력은 개정할 권력이 아니다." (*Minerva Mills Ltd. v. Union of India,* 1981 S.C.R (1) 206, 207. http://judis.nic.in/supremecourt/qrydisp.asp?tfnm=4488에서도 찾아볼 수 있다 (2007년 3월 23일 마지막 방문).

미로부터 출발하여, 몇몇 학자들,[52] 심지어 대법원은[53] 개정하는 권력은
하나의 헌법체제를 다른 헌법체제로 대체하거나 헌법의 기본 구조 또는
본질적인 특징을 변경할 수 없다고 주장하였다. 마찬가지로, 몇몇 저자
들은 헌법은 "내적 통일성", "정체성", "정신"을 가지고 있으며 개정권력
은 이러한 헌법의 "내적 통일성", "정체성", "정신"을 파괴할 수 없다고
주장하였다.[54] 결국 개정권력은 헌법을 전체적으로 수정할 수는 없다고
주장하고 있는 것이다.

  비판 - 이러한 논거들은 다분히 반론의 소지가 있다. 첫째, 헌법이 전
반적인 개정을 금지하지 않는다면 개정권력은 헌법을 전반적으로 수정할
수 있다. 실제로 몇몇 헌법의 경우(오스트리아 헌법 제44조, 스페인 헌법
제168조, 스위스 헌법 제139조) 전면개정을 명시적으로 규정하고 있다.
마찬가지로 헌법의 "내적 통일성", "정체성", "정신"이라는 개념은 객관

---

52) 예를 들면 Murphy, 위 각주 50, 180쪽.

53) 나중에 자세히 살펴보게 될 것과 같이 (아래 109-112쪽 참조) 인도 대법원은 *Kesava-nanda Bharati v. State of Kerala* 사건에서 "개정권력은 헌법의 정체성을 변화시킬 정도로 헌법의 기본구조나 근본틀을 변경할 권한을 포함하지 않는다."고 판시하였다. (*Kesava-nanda Bharati v. State of Kerala* (1973) 4 SCC 225; AIR 1973 SC 1461) 이 판결에 대한 발췌는 다음을 참조할 것. Comparative Constitutionalism: Cases and Materials, 1175-1180쪽 (Norman Dorsen et al., eds., Thomson West 2003).

54) 예를 들면 Murphy, 위 각주 50, 180쪽 참조. 헌법정신의 개념에 대한 분석과 비판에 대해서는 다음을 참조할 것. Kemal Gözler, *Sur la validité des limites á la révision constitutionnelle déduites de l'esprit de al constitution [On the Validity of Limitations on Constitutional Amendment Inferred from the Spirit of Constitution]*, 31 Annales de La Faculte de Droit d'istanbul 109 (1997). http://www.anayasa. gen.tr/esprit.htm에서 이용가능 (2007년 3월 33일 마지막 방문)

적으로 결정될 수 없는 모호한 개념들이다. 헌법들은 그들의 "내적 통일
성", "정체성", "정신"을 정의하지 않고 있으며, 그들은 그들의 "내적 통
일성", "정체성", "정신"이 불변의 것이라고 명시하지 않고 있다. [55] 이러
한 개념들은 실정법적 타당성(유효성)이 결여되어 있다. 마지막으로, *개
정하다*라는 단어의 문법적 해석으로부터 법적인 결론을 추론하기는 어
렵다. 왜냐하면 만약 헌법이 전면개정을 금지하거나 어떤 헌법조항을 개
정으로부터 배제하고 있지 않다면, 개정절차는 헌법의 하나, 둘, 셋 또는
모든 조항에 대하여 사용될 수 있기 때문이다. (즉 개정권력은 하나의 헌
법을 다른 헌법으로 대체할 수 있다.) 게다가 당연히도 이 문법적인 논거
는 영어에서는 타당(유효)할 수 있을지 모르지만 다른 언어에서는 타당
(유효)하지 아니하다. 예를 들어, 1958년 프랑스 헌법은 '*amendment*'라는
단어 대신 '*revision*', [56] 1947년 이탈리아 헌법은 '*revisione*', [57] 1976년 포르

---

55) 1814년 노르웨이 헌법과 1990년 네팔 헌법은 예외이다. 1814년 노르웨이 헌법 제112
조는 다음과 같이 규정하고 있다. 즉 헌법개정은 "그러나 이 헌법에 체화된 원리들과 모
순되어서는 안 되고, 오로지 헌법의 정신을 변경시키지 않는 특정 조항의 수정에만 관
련되어야 한다. (노르웨이 헌법의 영어 번역은 http://www.oefre.unibe.ch/law/icl/
no00000_.html에서 이용가능하다 (2007년 3월 22일 마지막 방문). 1990년 네팔 헌법
제116조 제1항은 다음과 같이 규정한다. "이 헌법의 어떤 조항이든 개정 또는 삭제하는
법안은, 이 헌법 전문의 정신을 침해하지 않는다면 양원 중 하나에서 제안될 수 있다."
(네팔 헌법에 대한 영어번역은 http://www.oefre.unibe.ch/law/icl/np00000_.html에
서 이용가능하다 (2007년 3월 22일 마지막 방문).

56) 1958년 헌법 제89조 (프랑스). 프랑스어 원본은 http://www.elysee.fr/elysee/fran-
cais/les_institutions/les_textes_fondateurs/la_constitution_de_1958/la_constitu-
tion_de_1958.21061.html에서 이용가능하다. (2007년 3월 24일 마지막 방문).

57) Constituzione della Repubblica Italiana [헌법] 제138조~제139조(이탈리아). 이탈리아
어 원본은 http://www.quirinale.it/constituzione/constituzione.htm에서 이용가능하
다. (2007년 3월 24일 마지막 방문)

투갈 헌법은 'revisão', [58] 1978년 스페인 헌법은 'reforma', [59] 1949년 독일 헌법은 'Änderung', [60] 1982년 터키 헌법은 'değişiklik'[61]라는 단어를 사용하고 있다. 이러한 용어들의 의미는 'amendment'의 의미와 정확하게 동일한 것이 아니다. 예컨대 터키어 'değişiklik'는 'amendment(개정)'라는 의미보다 'change(변화)'라는 의미를 갖고 있다.

2. 초헌법성(Supra-Constitutionality) 이론에 기초한 논거들[62]

몇몇 학자들은[63] 헌법보다 상위의 원리가 있다고 주장한다. 헌법개정이 이러한 원리들을 위반한다면 그것은 무효이며 헌법재판소에 의해 무효화되어야 한다. 따라서 초헌법적 원리들은 헌법개정권력에 대한 실질

---

58) Constituição da Republica Portuguesa [헌법] 제284조~제289조 (포르투갈). 포르투갈어 원본은 http://www.parlamento.pt/const_leg/crp_port/index.html에서 이용가능하다. (2007년 3월 15일 마지막 방문)

59) Constitucion Española [헌법] 제166조~제169조 (스페인). 스페인어 원본은 http://www.senado.es/constitu/index.html에서 이용가능하다. (2007년 3월 22일 마지막 방문)

60) Grundgesetz [헌법] 제79조(1949)(F.R.G.). 독일어 원본은 http://jura.uni-sb.de/BI-JUS/grundgesetz/에서 이용가능하다. (2007년 3월 26일 마지막 방문)

61) Anayasa [헌법] 제175조(1982)(터키). 터키어 원본은 http://anayasa.gen.tr/1982ay.htm 에서 이용가능하다. (2007년 3월 24일 마지막 방문)

62) "초헌법성"이라는 개념에 대한 분석과 비판으로는 Gözler, 위 각주 1, 287-310쪽 참조.

63) 예를 들면, Serge Arné, *Existe-t-il des normes supra-constitutionnelles? [Are There Supra-Constitutional Norms]*, Revue du Droit Public 459-512 (1993); Stéphane Rials, *Supraconstitutionnalité et systématicité du droit [Supra-Constitutionality and System of Law]*, Archived de Philosophie du Droit 57 (1986) 참조.

적 한계를 형성한다. 그러나 초헌법적 원리들의 리스트를 만드는데 이르면, 이 이론의 지지자들은 합의하지 못한다. 그들 각자는 자기의 인식에 따라 서로 다른 리스트를 뽑는다.

예컨대, 프랑스에서는, Serge Arné는 다음의 원리들이 초헌법적 원리들의 일부가 되어야 한다고 주장한다: "인간존엄의 존중", "비차별 및 연대", "다원주의."[64] 그러나 초헌법성의 또 다른 지지자인 Stéphane Rials는 네 가지 원리들을 초헌법적인 것으로 제시한다. "(1) 헌법은 성문이어야 한다; (2) 국민은 최고권력의 유일한 보유자이며 따라서 헌법제정(권력)자이다; (3) 권력분립의 원리; 그리고 (4) 기본권은 헌법제정의사보다 상위에 있다는 것이다"라고 본다. [65]

아일랜드에서는, Roderick O'Hanlon이 헌법보다 자연법의 우위성을 옹호하였다. O'Hanlon에 의하면 "모든 실정법의 우위에 있는 법이 있는데, 이 법은 (일반)입법에 의해 변경될 수 없고, 심지어 헌법 자체의 단순한 개정에 의해서도 변경될 수 없다."[66] O'Hanlon의 관점에서는, 태아의 생명권과 같은 자연법적 가치를 공격하는 헌법개정은 "법의 성격"을 가질 수 없다. [67]

미국에서는, Walter Murphy가 개정권력에 대하여 "자연법에 의해 부과

---

64) Anré, 위 각주 63, 474-475쪽.

65) Rials, 위 각주 63, 64쪽.

66) Roderick O'Hanlon, *Natural Rights and the Irish Constitution,* 11 Irish Law Times 8, at 10 (1993). Cathryn Costello, *Irland's Nice Referanda,* 1 European Constitutional Law Review 357, 376쪽, 주 71 (2005)에서 인용.

67) 같은 곳.

되는 금지들"이 존재한다고 주장하였다. [68] Murphy에 따르면 "어떤 종류
의 것이든 부정의한 입법은 법이 전혀 아니며 의무를 부과할 수 없는 자
의적 의지의 작용에 불과하다는 고전적 자연법 이론"이 개정권력을 제한
하기 위하여 원용될 수 있다. [69] Jeff Rosen 또한 "개정권력에 대하여 자
연권의 한계"가 존재한다고 주장하였다. [70]

비판 – 초헌법성 이론은 아주 문제가 있으며 논란이 있다. 자연법 이
론을 받아들이지 않고서는 초헌법적 원리들의 법적 유효성을 인정하는
것이 불가능한데, 왜냐하면 그들은 문언적 근거가 없기 때문이다. 자연
법의 학문적 가치가 여하하든 이 이론은 이 연구에서 인정될 수 없다.
왜냐하면 자연법의 가정에 기해 헌법개정에 대한 사법심사 이론을 구축
하는 것은 불가능하기 때문이다.

설령 초헌법적 원리들이 존재한다는 이론이 일단 받아들여진다 하더
라도 이 원리들을 객관적으로 결정하는 것은 불가능할 것이다. 왜냐하면
모든 사람들이, 그 원리들이 문언적 근거를 가지고 있지 못하다는 사실
을 이용하여 이들 원리들을 자신의 이론적 선호에 따라 정의하고 결정하
려 할 것이기 때문이다. 실제로 이미 살펴본 바와 같이 초헌법적 원리들
의 존재를 옹호하는 자들 사이에서도 그러한 원리들의 리스트에는 합의

---

68) Murphy, 위 각주 50, 180쪽.

69) 같은 곳, 181쪽.

70) Jeff Rosen, *Was the Flag Burning Amendment Unconstitutional?*, 100 Yale. L. J. 1073, 1080
쪽 (1991).

가 되지 아니한다. 이는, 이들 원리들의 존재가 받아들여진다고 하더라
도, 그 원리들은 - (그 리스트가) 확정될 수 없는 것이기 때문에 - 헌법
개정의 사법심사에 있어서 판단규범으로 사용될 수 없다. 이러한 상황에
서 헌법개정이 초헌법적 원리들과 합치하는지 심사하는 것은 헌법재판
소가 개정권력을 찬탈하는 것이 될 것이다.

3. 헌법조항 간 위계질서 이론에 기초한 논거들[71]

몇몇 학자들은[72] 헌법의 규정들이 똑같은 법적 가치를 가지는 것은 아
니라고 주장하였다. 동일한 헌법의 서로 다른 조항 사이에 위계가 있을
수 있다; 헌법의 일부조항이 같은 헌법의 다른 조항에 우위에 있을 수 있
다. 개정권력은 헌법에서 위계질서상 우위에 있는 조항은 수정할 수 없
다. 따라서 이러한 조항이 헌법개정의 실질적 한계를 구성한다. 다시 말
해서, 헌법의 일부 근본적 규정들은 근본적이고 신성불가침한 것이어서

---

71) 헌법조항 간 위계질서의 개념에 대한 분석과 비판에 대해서는 다음을 참조할 것. Kemal
Gözler, *La question de al hiérarchie entre les normes constitutionnelles [Question of Hierarchy
Between Constitutional Norms]*, 32 Annales de La Faculté de Droit d'istanbul 65 (1998).
http://www.anayasa.gen.tr/hierarchie.htm (2007년 3월 23일 마지막 방문). 일반적인
것을 보려면, Hierarchy of Constitutional Norms and its Function in the Protection
of Fundamental Rights (VIIIth Conference of European Constitutional Courts, An-
kara May 7-10, 1990) (Publications of the Constitutional Court of Turkey 1990)(5
Vol.).

72) 예를 들면, Marcel Bridel/Pierre Moor, Observations sur la hiérarchie des régles con-
stitutionnelles [Observations on the Hierarchyof Constitutional Rules], 87 Revue du
Droit Suisse(=Zeitschrift für Schweizerisched Recht) 405 (1968).

개정권력의 권한 범위를 넘는 것이다. 주로 인간의 존엄성,[73] 몇몇의 혹
은 모든 기본권, 혹은 민주국가, 법치주의, 사회국가, 연방국가 혹은 단
일국가, 국민주권과 같은 국가의 기본 원리들에 관한 헌법조항들이 헌법
의 다른 조항보다 우위에 있는 것으로 일반적으로 주장된다. 예를 들어,
프랑스 헌법평의회의 전 위원장이었던 Robert Badinter는 어떤 콜로키움
에서 "우리 헌법 체계 내에서 헌법제정권자가 제거할 수 없는 불가침의
자유가 있다."고 주장하였다.[74] Dominique Turpin은 자유, 재산권, 신
체의 안전, 압제의 저항과 같은 인권들은 다른 헌법적 권리들의 우위에
있고 따라서 그들은 개정권력에 의해 폐지될 수 없다고 확인하였다.[75]
Maryse Baudrez는 "인권에 관한 모든 헌법조항은 수정될 수 없다."고 주
장하였다.[76] Olivier Beaud는 국민주권에 관한 헌법조항들은 헌법의 다
른 조항들의 우위에 있고 따라서 개정권력은 그들 조항들을 수정할 수
없다고 주장하였다.[77]

---

73) Murphy, 위 각주 50, 176쪽.

74) Robert Badinter가 1989년 5월 25-26일 프랑스 헌법평의회에서 한 구두변론이다
(La Declaration des Droit de l'homme et du Citoyen et la Jurisprudence 33 (P.U.F.
1989)).

75) Dominique Turpin, Contentieux Constitutionnel [Constitutional Jurisdiction] 86-87
(P.U.F. 1986).

76) Maryse Baudrez/Jean-Claude Escarras, *La révision de la Constitution italienne: doctrine et
complexité des faits [Amendment of the Italian Constitution], in* La Revision de La Consti-
tution [Constitutional Amendment] 139, 141쪽 (Symposium, Mar. 20 and Dec. 16,
1992)(Economica & Presses universitaires d'Aix-Marseille 1993).

77) Olivier Beaud, *La souveraineté de l'Etat, le pouvoir constituant et le Traité de Maastricht:
remarques sur la méconnaissance de la limitation de la révision constitutionnelle [Sovereignty of
State, Constituent Power and The Maastricht Treaty: Remarks on the Unawareness of the Lim-*

비판 — 의심할 바 없이, *순수하게 도덕적* 혹은 정치적 관점에서 보면 헌법조항 간에는 위계질서가 있을 수 있다. 예컨대 "인간의 존엄성은 존중되어야 하며 보호되어야 한다."고 규정한 1999년 스위스 헌법 제7조는 "연방은 보도와 하이킹 코스의 연결에 관한 원칙들을 수립한다(the Federation establishes principles of networks of footpaths and hiking trails)."고 규정한 동 헌법 제88조보다 더 중요하다. 그러나 법적인 관점에서 보면, 스위스 헌법의 이 두 조항 간에는 위계가 없다. 제7조와 제88조는 동일한 헌법전 안에 포함되어 있으며 동일한 제정권력에 의해 규정되었으므로 법적인 가치도 동등하다.

이 책에서 살펴본 헌법들 속에, 어떤 부분 혹은 한 조항이 다른 부분 혹은 조항보다 우위에 있다고 규정한 조항은 전혀 없다. 따라서 헌법규정 간 위계질서의 존재에 관한 이론은 근거가 없다. 초헌법성 이론과 마찬가지로 이 이론도 실정법적 가치가 결여되어 있다. 결과적으로, 자연법의 존재를 받아들이지 않고서는 이 이론은 유지될 수 없다.

헌법제정권력은 헌법의 몇몇 조항을 개정으로부터 배제할 가능성을 가졌다. 위에서 설명한 바와 같이[78] 독일기본법 제1조 및 제20조, 1982년 터키 헌법 제1~3조는 개정으로부터 제외되어 있다. 헌법제정권력이 일부 헌법조항들을 개정으로부터 배제하지 않고 있다는 사실은 개정권력에

---

itations upon Constitutional Amenment], Revue Française de Droit Administratif 1045, 1054, 1059-1063쪽 (1993).

78) 위 70, 81쪽 참조.

대하여 헌법의 모든 조항을 개정할 권한을 부여하였다는 것을 의미한다. 유사하게 헌법제정권력이 몇몇 조항만의 개정을 금지시켰다는 사실은, 개정이 금지된 조항의 개정을 제외하면 헌법의 모든 조항을 수정하는 것을 개정권력에 허용했다는 것을 의미한다. 따라서 개정으로부터 배제된 조항 뿐만 아니라 인권, 법치주의, 사회국가, 국민주권 등과 같은 기본적 가치와 관련된 조항들이 개정권력의 권한 범위 밖에 있다고는 주장할 수 없다. 다시 말해서, 헌법이 단지 하나 혹은 몇몇의 조항들의 개정을 금지하고 있다면, 다른 조항들은 개정권력에 의해 수정될 수 있을 것이다.

요약하자면, 법적인 관점에서 동일한 헌법의 조항들 간에 위계질서를 상정하는 것은 불가능하다. 동일한 헌법의 조항들 간에는 위계적인 관계가 아닌, 발효일에 따른 선후관계, 적용범위에 관한 일반/특별의 관계가 있을 수 있다. 동일한 헌법 내 두 조항 간 모순이 있다면, 그 모순은 *신법우선의 원칙* 과 *특별법우선의 원칙*에 따라 해결되어야 할 것이다.

헌법에 불변의 조항들(즉 명시적인 내용적 한계들)이 존재하지 않는다면, 헌법의 모든 조항은 개정권력에 의해 수정될 수 있다. 따라서 헌법 전에 명시적인 내용적 한계들이 명시되어 있지 않은 국가에서는 헌법재판소는 헌법개정의 내용을 심사를 할 수 없다. 현행헌법에 합치되게 이루어진 헌법개정은 헌법 그 자체와 동일한 법적 효력을 가진다. 다시 말해서, 헌법개정을 통해 개정 혹은 변경된 조항은 헌법의 일부가 된다. 이 조항은 규범의 위계질서에서 헌법의 다른 조항들과 동일한 지위를 가진다. 결국 헌법개정에 대한 위헌성 심사를 생각하는 것은 논리적으로 불가능하다. 왜냐하면 그러한 심사를 위한 기준이 있을 수 없기 때문이다.

B. 묵시적인 내용적 한계의 존재를 부정한 헌법재판소의 판례법

미국 연방대법원, 아일랜드 대법원, 1970년 이후 독일 연방헌법재판소는 헌법개정의 묵시적인 내용적 한계의 존재를 부정했다. 이들 법원들에 의하면 헌법전에 명시적으로 규정된 것이 아닌 한 개정권력에 부과된 실질적 한계는 존재하지 않는다.

1. 미국 연방대법원

위에서 살펴본 바와 같이[79] 미국 연방대법원은 Hollingsworth v. Virginia, [80] National Prohibition Cases, [81] Dillon v. Gloss, [82] United States v. Sprague[83] 사건에서 헌법개정의 형식적·절차적 적정성을 심사하였다. 그러나 미국 연방대법원은 헌법개정의 내용을 심사한 적은 없다. 실제로 미국 헌법에는 개정권력에 대한 단 하나의 내용적 한계가 있다: "어떠한 주도, 자신

---

79) 위 43-48쪽 참조.
80) 3 U.S. 378 (Dall.)(1798).
81) 253 U.S. 350 (1920).
82) 256 U.S. 368 (1921).
83) 282 U.S. 716 (1931).

의 동의가 없는 한 상원에서 자신의 동등한 표결권을 박탈당하지 않는
다."[84] 따라서 미국에서 이 한계를 제외하고 실질적 한계가 존재하지 않
으므로 헌법개정에 대한 사법심사는 논리적으로 불가능하다.

그러나 미국에서는 1920년대 동안과 제18차 개정의 경우에 개정권력
에 대한 묵시적인 내용적 한계의 존재에 관해 논쟁이 발생하였다. 일부
논자들은 제5조에 명시적으로 규정된 내용적 한계(상원에서의 주의 동
등한 표결권) 외에도 헌법개정의 "함축된" 혹은 "내재적인" 내용적 한계
들이 존재한다고 주장하였다.[85] 그러나 다른 논자들은 이러한 주장을 부
정하였다.[86] 결국 미국 연방대법원은 National Prohibition 사건에서 개
정권력에 대한 묵시적인 내용적 한계가 존재한다는 주장을 배척하였다.

National Prohibition 사건(State of Rhode Island v. Palmer[87])에서 제
18차 개정을 채택한 절차뿐만 아니라 그 내용이 헌법에 반한다고 주장
되었는데, 그 이유는 이 개정이 제10차 개정에 의해서 각 주의 경찰권력
을 각 주로부터 박탈하였고, 그로써 헌법을 근본적으로 변경하여 개정이
아니라 파괴를 향한 첫 걸음이 되었기 때문이라는 것이다.[88] 또한 이 개

---

84) 미국 헌법 제5조.

85) 예를 들면, Marbury, 위 각주 51; Skinner, 위 각주 47 참조.

86) 예를 들면, Lester B. Orfield, *The Scope of the Federal Amending Power*, 28 Mich. L. Rev.
550 (1930); D. O. McGovney, *Is the Eighteenth Amendment Void because of Its Contents?*,
20 Colum. L. Rev. 499 (1920) 참조.

87) 253 U.S. 350 (1920).

88) Thomas Reed Powell, *The Supreme Court and the Constitution: 1919-1920*, 35 Pol. Sci. Q.
411, 413쪽 (1920)에서 인용.

정은 원 헌법과 어떠한 관련도 맺고 있지 않으므로 단순한 '개정'이 아닌 단순한 '추가(addition)'라고 주장되었다.[89] 미국 연방대법원은 다음과 같이 판시하며 이 주장을 분명하게 배척하였다.

[...] (4) 제18차 개정에서 구체화된 것처럼, 음료 목적의 주류 제조, 판매, 운송, 수입 및 수출을 금지한 것은 헌법 제5조에 의해 부여된 헌법개정권한 범위 내에 있다.

(5) 동 개정은, 합법적인 제안 및 비준에 의하여 헌법의 일부가 되었으며, 동 문서의 다른 조항들과 마찬가지로 존중되어야 하고 효력이 부여되어야 한다.[90]

1920년의 National Prohibition 사건 이후로 지금까지 미국에서는 개정권력의 묵시적 한계의 존재에 관한 논쟁이 계속되고 있다. 국기를 불태운 사건과 같은 다른 사건에서 일부 논자들은[91] 개정권력에 대한 특정

---

89) 같은 곳. 이 논거들은 원래 William L. Marbury에 의해서 개발된 것이다. Marbury, 위 각주 51, 225쪽 참조.

90) 253 U.S. 350, 386쪽.

91) 예를 들면, Murphy, 위 각주 50, 163-190쪽; Rosen, 위 각주 70, 1073-1092쪽; Raymond Ku, *Consensus of the Governed: The Legitimacy of Constitutional Change,* 64 Fordham L. Rev. 535 (1995); Jason Mazzone, *Unamendments,* 90 Iowa L. Rev. 1747 (2005) (http://ssrn.com.abstract=803864 2007년 3월 24일 마지막 방문); Jacobsohn, 위 각주 47, 461, 463, 470, 471, 474, 478, 480쪽.

한 함축된 한계들이 존재한다고 주장하였다; 그러나 다른 논자들은[92] 이
주장을 부정하였다. 하지만 현재까지 묵시적 한계의 존재에 관한 논쟁은
미국 연방대법원에서의 법정 사건에서 주장된 적이 없으며, 따라서 미국
연방대법원은 이 문제에 대해 심판한 적은 없다.

2. 아일랜드 대법원

아일랜드 대법원은 State (Ryan) 사건과 낙태정보사건에서 헌법개정의
위헌성에 관해 판단할 기회를 가졌다.

State (Ryan) v. Lennon 사건 (1935년)[93]에서 원고는 1922년 아일랜드
헌법에 제17차 개정(1931년 10월 17일)에 의해 삽입된 제2A조가 무효
라고 주장했다.[94] 대법원은 이 주장을 배척했고 1922년 헌법은 의회에
대하여 헌법을 개정할 권한을 부여하였으며 의회의 개정권력에 어떠한
실질적 한계도 부과하지 않았다고 판시하였다. 따라서 그 개정은 유효

---

92) 예를 들면, Laurence H. Tribe, *A Constitution We Are Amending: In A Defense of a Re-
   strained Judicial Role,* 97 Harv. L. Rev. 433 (1983); John R. Vile, *The Case agaist Implicit
   Limits on Constitutional Amending Process, in* Responding to Imperfection: The Theory
   and Practice of Constitutional Amendment 191 (Sanford Levinson ed., Princeton
   Uni. Press, 1995).

93) State (Ryan) v. Lennon [1935] 170 I.R. 198 (아일랜드). 평석으로는 Rory O'Connell,
   Guardians of the Constitution: Unconstitutional Constitutional Norms, 4 J. Civil Liberties 48,
   56-61(1999); Jacobsohn, 위 각주 47, 465-468쪽 참조.

94) O'Connell, 위 각주 93, 58쪽에서 인용.

하며 그 개정의 내용은 심사대상이 아니라는 결론을 내릴 수 있었다.[95]

아일랜드에서 헌법개정의 위헌성 문제는 1922년 11월 국민투표로 확정된 제13차 및 제14차 개정에서도 다시 제기되었는데, 이 개정은 외국에서 받을 수 있는 낙태 수술에 관한 정보를 획득할 권리 및 이 목적으로 여행할 자유를 보장하였다. 이 개정에 관하여 Roderick O'Hanlon은 태아의 생명권은 자연법적인 가치를 가지는 것으로서 어떤 실정법보다 우위에 있고, 따라서 제13차 및 제14차 개정은 생명권을 침해하는 것으로서 무효로 보아야 한다고 주장했다.[96] 낙태정보사건 (1995)[97]에서 "태아의 변호인"이 O'Hanlon의 주장과 유사한 주장을 하였다. 그는 "자연법은 헌법의 기초가 되며 헌법보다 우위에 있고, 헌법의 어떠한 조항도 자연법에 반할 수 없으며, 반하는 경우 시행될 수 없다."라고 주장하였다.[98] 그의 논리는, 낙태정보의 획득에 관한 헌법개정이 자연법을 위반하는 것이기 때문에 무효라는 것이다.[99] 아일랜드 대법원은 "대법원은 이

---

95) 같은 곳.

96) O'Hanlon, 위 각주 66, 10쪽. 또한 다음을 참조할 것. Roderick O'Hanlon, *The Judiciary and the Moral Law*, 11 Irish Law Times 129, 130쪽 (1993). (Ian Walsh, *Between Scylla and Charybdis: The Supreme Court and the Regulation of Information Bill (1995)*, 7 Cork Online Law Review 주 10 (2003)에서 인용. http://www.ucc.ie/colr/2003vii.html (2007년 3월 25일 마지막 방문)

97) *Abortion Information Case (Article 26 and the Regulation of Information [Services outside the State for the Termination of Pregnancies] Bill 1995, In Re* [1995] IESC 9, 1995년 12월 5일 판결선고.) http://www.bailii.org/ie/cases/IESC/1995/9.html에서 이용가능 (2007년 3월 27일 마지막 방문).

98) 같은 곳, 38쪽.

99) 같은 곳.

주장을 받아들이지 않는다." 라고 분명하게 언급함으로써 이 주장을 배척하였다. [100] 따라서 Rory O'Connel에 의해 언급되었듯이 아일랜드 대법원에 의하면 "헌법개정이 절차적으로 정확한 방식으로 수행되었다면, 그 헌법개정의 내용을 심사할 권한은 존재하지 않는다."는 것이다. [101]

위에서 살펴본 바와 같이, [102] 1999년 아일랜드 대법원은 Riordan v. An Taoiseach 사건에서 대법원이 헌법개정의 위헌성을 심사할 권한이 없다고 판시하였다. [103]

3. 독일 연방헌법재판소

위에서 설명한 바와 같이[104] 독일에서는, 1949년 독일 기본법 제79조 제3항에 규정된 헌법개정에 대한 명시적인 실질적 한계가 존재하며, 위에서 살펴본 바와 같이 독일 연방헌법재판소는 헌법개정이 이러한 실질적 한계에 합치하는지 여부를 심사하였다. 그러나 아래에서 설명될 것처

---

100) 같은 곳.

101) O'Connell, 위 각주 93, 65쪽.

102) 위 30-33쪽 참조.

103) Riordan v. An Taoiseach [1999] IESC 1 (1999년 5월 20일, Appeal No. 202/98) (아일랜드). http://www.bailii.org/ie/cases/IESC/1999/1.html에서 이용가능 (2007년 3월 6일 마지막 방문).

104) 위 72쪽 참조.

럼, [105] 1950년대의 독일 연방헌법재판소는 Southwest 사건 (1951년) [106] 과, 제117조 사건 (1953년) [107]에서 부수적 의견에서만 제79조 제3항에 명시적으로 규정된 것 이외에도 개정권력에 대한 실질적인 한계들의 존재를 인정하였다. 그러나 1970년 이후로 독일 연방헌법재판소는 함축적인 실질적 한계가 존재한다는 이론을 배척하면서, 헌법개정의 위헌성을 심사하는 사건에서 제79조 제3항에 규정된 명시적 한계만을 원용하였다. [108]

C. 묵시적인 내용적 한계의 존재를 인정한 헌법재판소의 판례법

독일 연방헌법재판소(1950년대에, 부수적 의견에서만이었지만), 인도 대법원, 터키 헌법재판소(1961년 헌법하)에서와 같은 일부 헌법재판소들은, 개정권력이 헌법전에 명시적으로 규정된 내용적 한계뿐만 아니라 헌법에 규정되지 아니한 내용적 한계에 의해서도 제한된다고 판시하였다. 그리고 이들은 법원들에 따르면, 그들은 헌법개정이 헌법전에 명시적으로 규정되지 아니한 내용적 한계들에 합치되는지를 심사할 수 있다. 이

---

105) 101-106쪽 참조.

106) BverfGE 1, 14 (1951).

107) BverfGE 3, 225 (1953).

108) *Klass* 사건에서 묵시적인 실질적 한계의 법리는 단지 반대견해에서만 받아들여졌다. 반대견해에 따르면, "기본법 제정자의 어떤 근본적인 결단들은 불가침이다." (1970년 12월 15일 판결, BVerfGE 30, 1. Renate Chestnut의 이 반대의견의 영어번역은 Comparative Constitutional Law: Cases and Commentaries, 위 각주 14, 663-665쪽에서 찾을 수 있다)

들 법원들의 판례법을 아래에서 분석하기로 한다.

1. 1950년대의 독일 연방헌법재판소

헌법개정에 묵시적인 내용적 한계가 존재한다는 이론은 독일 연방헌법
재판소의 1950년대 두 결정에서 그 기원을 두고 있다.

a) Southwest 사건 (1951년 10월 23일 결정) – 독일 연방헌법재판소
는 이 사건에서 다음과 같이 판시하였다.

> 헌법의 전체내용으로부터 일정한 헌법적 원칙들과 기본적 결
> 정들이 나오는바, 이들에 대하여 개별적인 헌법규정들은 하위
> 에 있다 … 모든 헌법 규정은 그러한 기초적인 헌법원칙들과
> 헌법제정자의 기본결정들에 합치하도록 해석되어야만 한다. [109]

---

109) BverfGE 1, 14 (1951). 이 판결의 중요부분의 Renate Chestnut에 의한 영어 번역은
   Comparative Constitutional Law: Cases and Commentaries, 위 각주 14, 208-212
   쪽에서 찾을 수 있다. 인용은 209쪽에 있다. 이 판결에 대한 평석으로는 Gerhard
   Leibholz, *The Federal Constitutional Court in Germany and the "Southwest Case"*, 46 Am.
   Ol. Sci. Rev. 723 (1952); Gottfried Dietze, *Unconstitutional Constitutional Norms?
   Constitutional Development in Postwar Germany*, 42 Va. L. Rev. 1, 2-17쪽 (1956); Peter
   Jambrek/Klemen Jaklič, *Contribution to the Opinion of the Venice Commission on the
   Constitutional Amendments Concerning Legislative Elections in Slovenia*, http://venice.coe.
   int/docs/2000/CDL-INF(2000)013-e.asp에서 찾을 수 있다 (2007년 3월 24일 마지
   막 방문); O'Connell, 위 각주 93, 53-56쪽.

또한 이 결정에서 연방헌법재판소는 바이에른 헌법재판소의 다음과 같은 판시에 동의한다고 언급하였다:

> 어떤 헌법규정 자체가 무효라고 하는 것이, 그 규정 자체가 헌법의 구성부분이라는 이유로 벌써 개념상 배제되는 것은 아니다. 아주 기초적이고 헌법에도 선행하는 법의 표현이어서 헌법제정자 자체도 구속하고, 이러한 지위가 부여되지 아니하는 다른 헌법 규정들이 그것에 위반한다는 이유로 무효로 될 수 있는 헌법원칙들이 존재한다. [110]

위 판시가 보여주듯이, 연방헌법재판소는 매우 중요하고 근본적인 헌법적 원리들이 다른 헌법조항들에 우위에 있다고 주장하였다. 따라서 연방헌법재판소는 제79조 제3항에 규정된 것 외의 내용적 · 실질적 한계가 존재하며, 헌법재판소는 헌법개정이 이러한 한계들에 합치하는지 심사

---

110) BverfGE 1, 14 (1951) (Comparative Constitutional Law: Cases and Commentaries, 위 각주 14, 209쪽). 인용된 바이에른 헌법재판소의 결정은 1950년 4월 24일 결정이다. Entscheidungen des Bayerishen Verfassungsgerichtshofes [Bayern Constitutional Court Reports] 6, 47 (1950). Donald D. Kommers, The Constitutional Jurisprudence Of The Federal Republic Of Germany 542, 각주 90 (2nd Ed., Duke Univ. Press 1997) 참조. 바이에른 헌법재판소로부터 이 부분에 대한 Kommer의 번역은 약간 다르다: "헌법의 일부분이라고 하더라도 헌법조항을 무효로 보는 것은 개념적으로 불가능한 것은 아니다. 몇몇 헌법 원리들은 너무나 기본적이고 헌법에 선행하는 법 원리를 표현한 것이어서 헌법제정자 자신을 구속한다. 동등한 지위에 있지 않은 다른 헌법조항들은 이에 모순되는 경우 무효일 수 있다."(같은 곳.)

할 수 있다고 판시하였다. [111]

위에서 설명한 것 같이, [112] 동일한 헌법의 조항들 간에 위계(질서)를 세우는 것은 불가능하다. 다행히도 연방헌법재판소는 헌법규범 간 위계(질서)의 존재를 부수적 의견에서만 인정하였으며, [113] 헌법개정이 "매우 중요한 원리들"을 위반하였다는 이유로 무효화하지는 않았다.

  b) 제117조 사건 (1953년 12월 18일 결정) - 2년 후에, 독일 연방헌법재판소는 이른바 제117조 사건에서, [114] 여전히 부수적 의견으로써, "초법률적인 정의의 원칙"이 존재하며, "기본법의 조항이 초법률적인(*übergesetzliche*) 정의의 원칙의 극단적 한계를 넘는 경우(*'die äußersten Grenzen der Gerechtigkeit'*) 그 효력을 부정하는 것은 헌법재판소의 의무일

---

111) 독일에서는, 헌법개정이 만약 전체로서의 헌법의 핵심가치나 정신에 모순되는 경우 위헌일 수 있다는 법리는 "위헌적 헌법규범(Verfassungswidrige Verfassungsnorm)"의 개념 하에 검토된다. 이 개념의 분석으로는 Kommers, 위 각주 110, 48쪽; Dietze, 위 각주 109, 1-22쪽 참조. 이 개념은 모순어법이고 회피되어야만 한다. 그러나 이 개념은 앵글로색슨 학자들도 사용하기 시작했다. 예를 들면, O'Connell, 위 각주 93, 72-73쪽; Mazzone, 위 각주 91; Jacobsohn, 위 각주 47.

112) 위 90-91쪽 참조.

113) Kommers, 위 각주 110, 542쪽, 주 90.

114) BverfGE 3, 225 (1953). 이 판결에 대한 평석으로는 Dietze, 위 각주 239, 17-20쪽; David P. Curie, The Constitution of the Federal Republic of Germany 219, 주 201 (The University of Chicago Press 1994); Kommers, 위 각주 110, 48쪽; Peter Jambrek/Klemen Jaklič, *Contribution to the Opinion of the Venice Commission on the Constitutional Amendments Concerning Legislative Elections in Slovenia* (http://www.venice.coe.int/docs/2000/CDL-INF(2000)013-e.asp 참조 (2007년 3월 24일 마지막 방문); O'Connell, 위 각주 93, 54쪽.

것이다."라고 확인하였다. [115) 따라서 제117조 사건에서 "'자연법' 또는 '정의'와 같이 다양하게 언급되는 일련의 '초실정적' 규범들이 존재한다."는 것이 시사되었다. [116)

이 판결에서 인정된 이론은 헌법규범들 간의 위계(질서) 이상인 것이며 그것은 초헌법성 이론이다. 위에서 설명한 바와 같이[117) 자연법 이론을 받아들이지 않고서는 어떤 자연법적 원리가 개정권력을 제한한다는 것을 인정하는 것은 불가능하다. Southwest 사건에서처럼 연방헌법재판소는 이 이론을 부수적 의견으로써 인정하였으며, 이 이론에 기초해 헌법개정을 무효화하지는 않았다. 따라서 독일 연방헌법재판소에 의해 비롯된 초법률적 정의의 원칙에 의한 개정권력의 한계이론은 단지 이론적 관심사에 그칠 뿐이다.

1953년 이후 독일 연방헌법재판소는 초실정적 원리들을 헌법개정에 대한 묵시적 한계로 원용하지 않았다. Southwest 사건 (1951년)과 Article 117사건 (1953년)의 독일 연방헌법재판소의 태도는 "나치 정권에 대한 초

---

115) BverfGE 3, 255, 234 (1953). Curie, 위 각주 114, 219쪽, 주 201에서 인용. 또한 Kommers, 위 각주 110, 48쪽도 참조.

116) O'Connell, 위 각주 93, 54쪽. Taylor Cole이 고찰한 바와 같이, "초실정적 근본규범", "자연적 정의", "정의의 근본공준", "객관적 윤리규범" 등의 용어와 구절이 이 사건에서 사용되었다. Taylor Cole, *Three Constitutional Courts: A Comparison,* 3 Am. Pol. Sci. Rev. 963, 973쪽 (1959).

117) 위 90-91 쪽 참조.

기 법실증주의적 정당화에 대한 반작용"으로 설명될 수 있다. [118]

2. 인도 대법원

인도 대법원은 Golaknath, Kesavananda, Indira Nehru Gandhi, Minerva Mills, Waman Rao 사건들에서 개정권력에 대한 묵시적 한계가 존재하며 이러한 한계에 반하는 개정은 무효라고 판시하였다.

1967년의 Golaknath v. State of Punjab 사건에서 [119] 1964년 제17차 개정의 위헌성이 제소되었다. 6대 5 결정으로 대법원은 다음과 같이 판시하였다.

기본권은 헌법 제368조 [120]의 개정절차에 의해 축소되거나 삭

---

118) Cole, 위 각주 116, 974쪽. 또한 Paul G. Kauper, *The Constitutions of West Germany and the United States: A Comparative Study,* 58 Mich. L. Rev. 1091, 1179쪽 (1960) 참조.

119) Golaknath v. State of Punjab(1967년 2월 27일 판결선고), AIR 1967 SC 1643. http://judis.nic.in/supremecourt/qrydisp.asp?tfnm=2449에서 이용가능 (2007년 3월 25일 마지막 방문). 이 판결에 대한 평석으로는 K. Subba Rao, *The Two Judgement: Golaknath and Kesavananda Bharati,* 2 Supreme Court Cases (Journal) 1 (1973). http://www.ebc-india.com/lawyer/articles.73v2a1.htm 참조 (2007년 4월 27일 마지막 방문); David Gwynn Morgan, *The Indian "Essential Features" Case,* 30 Int'l & Comp. L. Q. 307 (1981); O'Connell, 위 각주 93, 53-56쪽; Anuranjan Sethi, *Basic Structure Doctrine: Some Reflections,* http://ssrn.com/abstract=835165, p.6-8, 26-27 (2007년 3월 4일 마지막 방문); S. P. Sathe, Judicial Activism in India, 65-70쪽 (Oxford Univ. Press 2002).

120) 인도 헌법 제386조는 다음과 같이 규정한다.
"헌법을 개정할 의회의 권력과 그 절차 (1) 이 헌법의 다른 규정에도 불구하고 의회는 자신의 헌법개정권력의 행사로써, 이 조항에 규정된 절차에 따라 이 헌법의 어떠한 조항도 추가, 변경, 삭제하는 방식으로 개정할 수 있다. (2) 이 헌법의 개정은 의회의 양원에

제될 수 없다. 헌법에 대한 개정은 제13조 제2항[121]의 의미 내
에서의 "법률"이며 따라서 헌법 제3부[122]에 부합해야 한다. [123]

그러나 법원은 이 사건에서 헌법개정은 미국 법원들에 의해 발전된[124]
"불소급적 판례변경(prospective overruling)"의 법리를 적용하여 유효한
것으로 선언하였다. [125]

이 결정은 논쟁의 여지가 큰데, 왜냐하면 이는 헌법 제3부(제12조부터

서 그 목적을 위한 법안의 제안으로써만 개시될 수 있으며, 동 법안이 각 원에서 동 원
의 전체 재적의원 과반수에 의하여, 동 원의 출석 및 투표 의원의 3분의 2 이상의 다수
로써 통과되었을 때, 대통령에게 이송되며 대통령은 동 법안에 동의하여야 하며 헌법은
동 법안에 따라 개정된다. 개정이 다음 조항에 변경을 하고자 하는 것이라면
(a) 제54조, 제55조, 제73조, 제162조 또는 제241조, 또는
(b) 제5부의 제4장, 제4부의 제5장, 제11부의 제1장, 또는
(c) 제7차 일정에 있는 목록에 있는 어느 것(the Seventh Schedule), 또는
(d) 의회에서의 각 주의 대표, 또는
(e) 이 조항의 규정들
그러한 개정을 위한 조항으로 이루어진 법안이 대통령의 동의를 받기 위해 대통령에게
제출되기 이전에, 각 주의 과반수의 의회에 의해 통과된 유효한 결의에 의해 비준되는
것이 요구된다."
121) 제13조 제2항을 규정한다. "국가는 이 부에 규정된 권리를 삭제하거나 축소시키는 어
떠한 법률도 만들지 못하며, 이 조항에 반하는 어떠한 법률도 그 반하는 범위 에서는
무효이다."
122) 1950년 인도 헌법 제3부(제12조 내지 제36조)는 평등권, 자유권, 착취에 대항할 권리,
종교의 자유, 문화 및 교육에 관한 권리, 헌법적 구제에 관한 권리와 같은 기본권들을
규정한다.
123) Golaknath v. State of Punjab, 1967 S.C.R. (2) 762. http://judis.nic.in/supreme-
court/qrydisp.asp?tfnm=2449 에서 이용가능 (2007년 3월 26일 마지막 방문).
124) O'Connell, 위 각주 93, 68쪽; Sethi, 위 각주 119, 86쪽 참조.
125) 같은 곳, 766쪽.

제36조까지)가 같은 헌법에 다른 부분들보다 우위에 있다고 전제하기 때문이다. 우리가 위에서 설명한 것처럼,[126] 동일한 헌법의 부분들 간에 위계(질서)를 세우는 것은 불가능하다. 인도 헌법에서 분명히 헌법 제3부가 다른 부분보다 우위에 있다고 규정한 조항은 없으며, 제3부의 조항이 개정으로부터 배제된다고 규정한 조항도 없다.

다른 한편, 대법원에 의한 제13조 제2항[127]의 "법률"이라는 단어의 해석은 두 가지 이유로 논쟁의 여지가 크다. 첫째, 헌법조항에서 "법률"이라는 단어는 헌법개정이 아닌 일반적인 입법을 가리키는데, 왜냐하면 개정절차를 규율하는 것 외의 헌법조항들은 개정권력이 아니라 일반 입법권을 대상으로 하는 것이기 때문이다. 둘째, 인도 대법원의 해석이 받아들여진다면 입법권과 개정권력 사이에 차이가 없게 될 것이다. 하지만 인도 헌법상 입법권과 개정권력은 동일하지 않다. 전자는 제107조에서 제111조에서 규율되고, 후자는 제368조에서 규율된다. 헌법의 조항들에 합치해야만 하는 것은 개정권력이 아니라 일반 입법권이다. 인도 헌법에 개정권력의 실질적 한계는 없으며, 따라서 개정권력은 헌법 제3부를 포함하여 헌법의 어떤 조항도 개정할 권한이 있다.

실제로 6년 후 Kesavananda Bharati v. State of Kerala 사건 (1973년)[128]

---

126) 위 93-96쪽 참조.

127) 위 각주 121 참조.

128) Kesavananda Bharati v. State of Kerala (1973년 4월 24일 판결선고) A.I.R. 1973 S.C. 1461. 이 판결의 일부는 Comparative Constitutionalism: Cases and Materials에 다시 실려 있다. 위 각주 53, 1175-1180쪽.

에서 다음과 같이 선언함으로써 인도 대법원은 다음과 같이 Golaknath 사건에서의 자신의 종전의 결정을 번복하였다.

> 제13조 제2항의 "법률"이라는 단어가 헌법에 대한 개정을 포함
> 하는 것이고, 동 조항이 제368조의 헌법개정권력에 대한 한계
> 로써 작용한다고 한 Golakhnath 사건의 다수견해는 법리를 오
> 해한 것으로 판례법을 변경한다. [129]

게다가 Kesavananda 사건에서 대법원은 Galoknath 결정에서 인정된 기본권의 불가침성(인도 헌법 제3부) 주장을 배척하였고, "개정권력은 … 기본권에 관련된 것을 포함하여 헌법의 다양한 조항을 추가, 변경, 삭제할 권한을 포함한다."고 판시하였다. [130]

인도 대법원은 Kesavananda 사건에서 헌법 제3부가 헌법의 다른 부분에 대하여 우위를 가진다는 이론을 번복하였으나, 동 대법원은 기본구조의 법리(doctrine of basic structure)라는 또 다른 법리를 발전시켰지만 이것 역시 문언적 근거를 결여한 것이다.

1973년 대법원의 13명의 재판관은 Kesavananda Bharati v. State of Kerala 사건에서, [131] 제24차, 제25차, 제29차 개정의 유효성을 심사하

---

129) 같은 곳. (Comparative Constitutionalism: Cases and Materials, 위 각주 53, 1176쪽).
130) 같은 곳.
131) 같은 곳. 이 판결에 대한 평석으로는 Morgan, 위 각주 119; Subba Rao, 위 각주 119;
    Joseph Minattur, *The Ratio in the Kesavananda Bharati Case*, 1 Supreme Court Cases

였다. 법원은 7대 6 결정으로 "개정권력은 헌법의 동일성을 변화시키기 위하여 헌법의 기본구조, 즉 기본 틀을 변경할 권력을 포함하지 아니한다."라고 판시하였다. [132]

인도 대법원은 1975년 Indira Nehru Gandhi v. Raj Narain 사건[133]에서 자신의 "기본구조 법리"를 확인하였다. 이 사건에서 대법원은 1975년 제39차 개정이 헌법의 기본구조를 침해하였다는 이유로 헌법에 대한 제39차 개정을 무효화하였다. [134]

이 결정들 이후 1976년 인도 의회는 기본구조 법리를 제거하기 위하여[135] 제368조에 제4항과 제5항을 추가하는 제42차 개정을 단행하였다. [136] 제4항은 명시적으로 헌법개정의 사법심사를 배제하였고, 제5항은 개정권력에 제한이 없다고 명시했다. 인도 대법원은 1980년 Minerva Mills Ltd. v. Union of India 사건에서 "제한된 개정권력은 인도 헌법의 기본 요소

(Journal) 73 (1974). http://www.ebc-india.com/lawyer/articles/74v1a5htm 참조 (2007년 3월 27일 마지막 방문); Sethi, 위 각주 119, 4-13쪽; O'Connell, 위 각주 93, 66-73쪽; Jacobsohn, 위 각주 47, 470-486쪽; Sathe, 위 각주 119, 69-71쪽에서 이용가능.

132) Kesavananda Bharati v. State of Kerala (1973) 4 S.C.C. 225; A.I.R. 1973 S.C. 1461. 이 판결의 일부는 Comparative Constitutionalism: Cases and Materials, 위 각주 53, 1176쪽 참조.

133) Indira Nehru Gandhi v. Raj Narain(1975년 6월 24일 판결선고) A.I.R. 1975 S.C. 1590; 1975 S.C.C. (2) 159. http://judis.nic.in/supremecourt/qrydisp.asp?tf-nm=5960에서 이용가능 (2007년 3월 27일 마지막 방문). 이 판결에 대한 평석으로는 Morgan, 위 각주 119, 326-331쪽; O'Connell, 위 각주 93, 70-72쪽; Sathe, 위 각주 119, 73-77쪽.

134) 같은 곳.

135) Morgan, 위 각주 119, 331쪽.

136) O'Connell, 위 각주 93, 71쪽

들 중 하나이며, 따라서 개정권력에 대한 한계는 파괴될 수 없다."는 이 유로 제42차 개정을 무효화하였다.[137]

인도 대법원은 1981년 Waman Rao v. Union of India 사건에서 각각 1951년과 1955년에 이루어진 제1차 및 제4차 개정의 내용을 심사하였 다.[138] 이 사건에서 대법원은 기본구조 법리를 재확인하였다. 그러나 이 번에는 인도 대법원은 제소된 헌법개정이 유효하다고 판단하였는데, 이 들 개정이 "헌법의 본질적 구조 또는 헌법의 기본구조의 어떤 것도 훼손 하지 않았으며 의회의 헌법제정권력의 범위 내에 있어 유효하고 합헌적 이라는" 이유에서였다.[139]

비판 – "헌법의 기본구조"의 법리는[140] 매우 논란의 여지가 있다. 이

---

137) Minerva Mills Ltd. v. Union of India(1980년 7월 31일 판결선고) A.I.R. 1980 S.C. 1789, 1981 SCR (1) 206, 207쪽. http://judis.nic.in/supremecourt/qrydisp.asp?tf-nm=4488에서 이용가능 (2007년 3월 28일 마지막 방문). 이 판결에 대한 평석으로는 Sethi, 위 각주 119, 11-13쪽; O'Connell, 위 각주 93, 72-73쪽; Sathe, 위 각주 119, 87쪽.

138) Waman Rao & Ors. etc. etc. v. Union of India and Ors., (1980년 5월 9일 판결선고) A.I.R. 1981 S.C.R. 1, 1980 S.C.C. 587. http://judis.nic.in/supremecourt/qrydisp. asp?tfnm=4504 에서 이용가능 (2006년 4월 6일 마지막 방문).

139) 같은 곳.

140) "기본구조"의 법리는 독일학자인 Dietrich Conrad에 의해 인도에 소개되었다. Di-etrich Conrad, *Limitation of Amendment Procedures and the Constituent Power,* 15-16 Indian Yearbook of International Affairs 375 (1970) 참조. 인도 대법원에 대한 D. Conrad의 영향에 대해서는, A. G. Noorani, "Behind the Basic Structure Doctrine: On India's Debt to a German Jurist, Prof. Dietrich Conrad", 18 Frontline (2001년 4월 28일~5월 11일). http://www.hinduonnet.com/fline/fl1809/18090950.htm에 서 이용가능 (2007년 2월 12일 마지막 방문).

법리는 문언적 근거가 없다. 인도 헌법에는, 이 헌법이 기본구조를 가지고 있고 이 구조가 개정권력의 권한 범위 밖에 있다고 규정한 조항이 없다. 따라서 헌법의 기본구조에 의해 개정권력이 제한된다는 것은 실정법적 타당성이 결여되어있다. 더욱이, 헌법전에 그 원천을 가지고 있지 않기 때문에, "헌법의 기본구조"라는 개념은 정의될 수 없다. 무엇이 헌법의 기본구조를 구성하는가? 어떤 원리들이 이 개념에 포함되기도 안 되기도 하는가? 이 질문에 대해 객관적이고 일치된 답변이 있을 수 없다. 실제로 Kesavananda Bharati 사건에서 "헌법의 기본구조"의 존재를 인정한 재판관 다수 사이에서도 이 개념에 포함된 원리들의 리스트에는 합의가 이루어지지 않았다. 각각의 재판관들이 서로 다른 리스트를 뽑았다. [141] 각각의

---

141) O'Connell, 위 각주 93, 70쪽; Sethi, 위 각주 119, 10쪽; Comparative Constitutionalism: Cases and Materaials, 위 각주 53, 1177쪽. 예를 들어 Sikri 대법원장은 기본 구조의 개념이 다음 요소들로 구성된다고 확인하였다.
"(1) 헌법의 우위
(2) 정부의 공화제적 · 민주적 형태
(3) 헌법의 세속적 성격
(4) 입법부, 행정부, 사법부 간의 권력분립
(5) 헌법의 연방적 성격".
Shelat 재판관과 Grover 재판관은 여기에 두 요소를 추가하였다.
"(1) 국가정책의 직접적 원리에 포함된 복지국가건설명령
(2) 국가의 통일성 및 온전성."
Hedge 재판관과 Mukherjea 재판관은 다른 리스트를 제시했다.
"(1) 인도의 주권
(2) 정치공동체의 민주적 성격
(3) 국가의 통일성
(4) 개인적 자유의 본질적 요소
(5) 복지국가 건설명령."
Jaganmohan Reddy 재판관은 다음의 리스트를 제시하였다.

재판관이 자신의 관점에 따라 기본구조 개념을 정의할 수 있다면 헌법개정은 재판관의 개인적인 선호에 따라 유효가 되기도 하고 무효가 되기도 할 것이다. 그렇다면 재판관들은 헌법 제368조에 의해 의회에 부여된 헌법개정권력을 획득할 것이다. 그러한 이유로 Anuranjan Sethi에 의해 언급된 것처럼, 기본구조 법리는 "인도 대법원에 의한 헌법(개정)권력의 찬탈의 비속한 표시(vulgar display of usurpation of constitutional power by the Supreme Court of India)"로 볼 수 있다.[142] 인도 대법원의 판례에 나타났듯이 개정권력에 대한 명시적인 내용적 한계가 없는 경우, 헌법재판소가 헌법개정의 내용을 심사하려고 시도하는 것은, 개정권력이 재판관이 아닌 국민, 또는 그 대표자에게 속한 민주주의 체제에 위험할 것이다.

3. 터키 헌법재판소

위에서 살펴본 바와 같이[143] 1961년 터키 헌법에서는 (헌법)개정권력

"(1) 주권적 · 민주적 공화국
(2) 익히 민주주이
(3) 국가의 세 기관."

142) Sethi, 위 각주 119, 12쪽. 유사하게, S. P. Sathe는 "인도대법원은 사법기능의 한계를 분명이 넘었고 실제 입법부에 속한 기능을 수행하였다."고 결론지었다 (S. P. Sathe, *Judicial Activism: The Indian Experience,* 6 Wash. U. J. L. & Pol'y 29-108, 88쪽 (2001) http://law.wustl.edu/journal/6/p_29_Sathe.pdf (2007년 3월 12일 마지막 방문). 마찬가지로 T. R. Andhyarujina는 "사법부가 그러한 권력을 행사하는 것은 반다수결주의일 뿐만 아니라 헌법적 민주주의와도 모순되는 것이다(T. R. Andhyarujina, Judicial Activism and Constitutional Democracy in India 10쪽 (1992), Sathe, 위 각주 119, 70쪽에서 인용-)."
143) 위 81-83쪽 참조.

에 대하여 단 하나의 실질적 한계가 있었다: 공화제적 국가형태의 불가
침성. 그러나 터키 헌법재판소에 따르면 1961년 헌법 하에서 개정권력
은 이러한 명시적인 실질적 한계에 의해서 뿐만 아니라 헌법 정신, 기본
권과 자유, 법치주의 원리, 현대 문명의 요건, 헌법의 일관성과 같은 헌
법전에 명시되지 않은 다른 한계에 의해서도 제한된다.

터키 헌법재판소는 1965년 9월 26일 No.1965/40 결정[144]의 부수적 의
견에서 개정권력은 헌법을 폐지하거나 법치주의를 파괴할 수 없다고 확
인하였다. 동 재판소에 따르면,

> 헌법제정의회가 헌법의 정신에 합치하는 개정만 가능하도록
> 하기 위해 제155조(개정절차)를 채택하였다는 것은 분명하다.
> 기본권과 자유, 법치주의 원리, 한마디로 1961년 헌법의 본질
> 을 훼손하는 헌법개정은 제155조를 적용할 때에 이루어질 수
> 없다.[145]

1971년 4월 3일 No.1971/37 결정에서 터키 헌법재판소는 제9조에 규
정된대로 공화제적 국가형태의 불가침성의 관점에서 뿐만 아니라 헌법
전에 명시되지 않은 다른 원리의 관점에서도 헌법개정의 위헌성을 심사

---

144) 4 AMKD 290 (1965).
145) 같은 곳, 329쪽.

할 권한이 있다고 스스로 선언하였다.[146] 재판소는 헌법개정은 "현대 문명의 요건"에 합치해야만 하고 "헌법의 일관성 및 체계"를 훼손하지 않아야만 한다고 확인하였다.[147]

터키 헌법재판소의 이러한 결정들은 논란의 여지가 크다. 헌법재판소가 원용한 헌법 정신, 현대 문명의 요건, 헌법의 일관성과 같은 원리 또는 관념은 문언적인 근거가 없다. 법치주의, 기본권과 자유와 같은 다른 것들은 헌법에 근거는 있으나 그들의 불변성은 헌법에 규정되어 있지 않다. 따라서 자연법의 이론을 인정하지 않고서는 그들의 유효성을 받아들일 수는 없다.

다른 한편, 1961년 헌법하에서 터키 헌법재판소는 명시적인 내용적 한계를 매우 넓게 해석하였다. (즉, 헌법에 규정된 공화제적 국가형태의 불변성) 위에서 설명한 바와 같이, 재판소는 법치주의, 민주국가, 사회국가, 세속주의와 같은 몇몇 원리들을 이러한 불변성에 포함시켰다. 따라서 이들 원리들은 개정권력에 대해 함축된(내재적인) 한계가 되었다. 위에서 설명한 바와 같이 이러한 광범한 해석은 *예외는 엄격하게 해석되어야 한다*는 원칙에 따를 때 오류가 있는 것으로 보인다.[148]

---

146) 9 AMKD 416, 428쪽 (1971).
147) 같은 곳, 428-429쪽.
148) 예외는 엄격하게 해석되어야 한다.

결 론

헌법개정이 헌법재판소에 의해 심사될 수 있는지 여부의 문제는 아래와 같이 대답될 수 있다:

어떤 국가의 헌법이 이러한 문제에 관한 조항을 포함하고 있다면, 헌법개정에 대한 사법심사가 허용되는지 여부는 이 조항에 의해서 컨트롤될 것이다. 만약 헌법이 헌법재판소가 헌법개정의 위헌성을 심사할 수 있다고 규정하고 있다면 그러한 심사는 가능할 것이다. 이 가설은 터키, 칠레, 루마니아 헌법이 보여준다. 그러나 헌법이 명시적으로 헌법개정의 사법심사를 금지하고 있다면 이는 불가능하게 될 것이다. 이 가설은 1976년 개정된 1950년 인도 헌법이 보여준다.

(오스트리아, 프랑스, 독일, 헝가리, 아일랜드, 슬로베니아, 미국 헌법과 같은) 헌법이 헌법개정의 사법심사에 관하여 침묵하고 있다면, 미국형 사법심사 모델 하에서는 그러한 사법심사가 가능한데, 왜냐하면 그러한 체제하에서는 법원의 소송사건에서 헌법개정의 위헌성을, 개정이 채택된 절차가 헌법에 반한다거나 개정의 실질이 헌법개정에 부과된 한계를 침해하는 것이라고 주장하면서 당사자가 다툴 수 있기 때문이다. 이러한 주장에 대한 법원의 인용 또는 기각은, 곧 미국과 인도 대법원이 판례에서 보여주듯 헌법개정에 대한 사법심사를 하였다는 것을 의미한다.

유럽형 사법심사 모델 하에서는 헌법재판소에 대하여 헌법개정의 사법심사권한을 부여하는 명시적 헌법조항이 없다면 헌법개정에 대한 사법심사는 불가능한데, 왜냐하면 이러한 모델에서 헌법재판소의 권한은 오직 헌법으로부터 도출되기 때문이다. 이는 프랑스 헌법평의회, 헝가리 및 슬로베니아 헌법재판소의 판례에서 확인된다. 그러나 유럽형 모델 하에서는 오스트리아, 독일, 터키 헌법재판소와 같은 몇몇 헌법재판소들이 헌법개정의 위헌성을 심사할 권한이 있다고 스스로 선언한 바 있다. 이들에 의하면 헌법개정은 "법률"로 간주될 수 있고 따라서 재판소는 별도의 권한을 부여받을 필요 없이 헌법개정의 위헌성을 심사할 수 있는데, 왜냐하면 그들은 이미 *법률*의 위헌성을 심사할 권한을 가지고 있기 때문이다.

헌법개정에 대한 사법심사가 가능한 국가에서는 이러한 심사의 범위가 결정되어야 한다. 헌법재판소는 형식과 내용의 양 측면에서 헌법개정의 위헌성을 심사할 수 있는가?

헌법개정의 위헌성을 심사할 권한이 있다고 스스로 선언한 헌법재판소들은 헌법개정의 절차적 및 형식적 적정성을 심사할 수 있다. 절차적 및 형식적 적정성 심사의 경우, 헌법에서 헌법개정을 완성하기 위해 따라야만 하는 형식 및 절차의 정확한 조건들이 규정되어 있기 때문에 당연하다. 헌법개정은 이러한 조건들에 합치되게 이루어 진 경우에만 유효하다. (Coleman v. Miller 사건을 제외한) 미국 연방대법원, 오스트리아 연방헌법재판소, 터키 헌법재판소는 헌법개정의 형식적 적정성을 심사하였다.

헌법에 헌법개정권력의 내용적 한계가 규정되어 있다면 헌법개정의 내용심사가 가능하지만, 그러한 한계가 없다면 그러한 심사는 불가능한데, 왜냐하면 그러한 심사는 헌법개정 조항들이 이러한 한계와 양립하는지 여부를 검증하는 것이기 때문이다. 이러한 한계가 존재하지 않는다면, 내용심사는 논리적으로 불가능하다. 독일과 터키 헌법은 몇몇 불변의 원리들·조항을 규정함으로써 개정권력에 대하여 실질적 한계를 부과한다. 따라서 독일과 터키에서는 헌법개정의 실질심사가 가능하다. 실제로 독일 연방헌법재판소는 헌법개정이 1949년 기본법 제1조 및 제20조에 열거된 불변의 원리들과 합치하는지를 심사해 왔다. 마찬가지로 터키 헌법재판소도 1961년 헌법 하에서 헌법개정이 공화제적 국가형태의 불가침성과 합치하는지를 심사하였다.

헌법개정권력에 대한 실질적 한계가 문제되는 경우 몇몇 학자들은 헌법전에 명시된 내용적 한계를 열거하는 데에 만족하지 않고, 헌법전에 명시되지 않은 헌법개정에 대한 몇몇 실질적 한계들이 존재한다고 주장한다. 이러한 종류들의 한계들은 "명시된 실질적 한계들"에 대비하여 "묵시적인(내재적인) 실질적 한계들"로 불리운다. 개정권력에 대한 묵시적인(내재적인) 실질적 한계들이 존재한다는 이론은 매우 문제가 있고 논란의 여지가 있다. 자연법 이론을 받아들이지 않고서는 이렇게 "주장되는" 묵시적인(내재적인) 실질적 한계들의 법적 유효성을 인정하는 것은 불가능한데, 왜냐하면 그들은 어떠한 문언적 근거도 가지지 못하고 있기 때문이다.

미국 연방대법원, 1970년 이후의 독일 연방헌법재판소, 아일랜드 대법원은 헌법개정권력에 대한 내재적인 실질적 한계들이 존재한다는 아이디어를 배척하였다. 그러나 인도 대법원은 개정권력에 대한 내재적인 실질적 한계들이 존재한다고 인정하였다. 인도 대법원은 Golaknath v. State of Punjab 사건에서 개정권력은 헌법의 제3부(기본권)을 변경할 수 없다고 확인하였다. 또한 동 법원은, Kesavananda Bharati v. State of Kerala, Indira Nehru Gandi v. Raj Narfain, Minerva Mills Ltd. v. Union of India, Waman Rao v. Union of India 사건에서 개정권력은 "헌법의 기본구조"를 수정할 수 없다고 판시하고 이러한 구조를 침해한 헌법개정을 무효화하였다. 독일 연방헌법재판소는 Southwest 사건 및 제117조 사건에서 개정권력에 대한 내재적 한계들의 존재를 주장하였지만 그것은 단지 부수적 의견으로써 였을 뿐이고, 독일 헌법재판소는 내재적인 실질적 한계들을 위반했음을 기초로 하여 헌법개정을 무효화한 적이 없다.

이 책에서 도달한 결론들은 아래 다이어그램으로 요약될 수 있다.

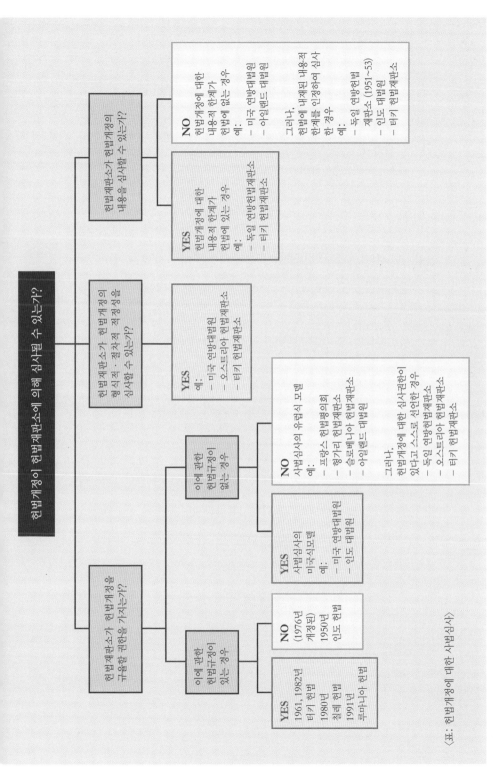

〈표: 헌법개정에 대한 사법심사〉

역자 후기

우선, 이 책의 한국어 번역출간에 흔쾌히 동의해주신 저자 케말 괴츨러 교수님께 감사의 말씀을 드리고 싶다. "헌법개정에 대한 사법심사"를 다룬 이 책은, 역자 본인에게 있어서나 수많은 동료 헌법학자들에게 있어 매우 의미있는 작품이다. 지난 2008년에 출간된 이래, 수많은 헌법 및 비교헌법 연구문헌에 꾸준히 인용되어 온 이 책을 한국어로 번역하고 국내 독자들에게 소개할 수 있게 되어 대단히 기쁘게 생각한다.

내가 이 책을 접하게 된 것은 지금으로부터 10년 전이다. 한국의 헌정사는 어떻게 보면, 권력자들의 권한을 확장하거나 그 임기를 연장하기 위하여 '헌법개정'이 남용되어온, '위헌·위법적 헌법개정'으로 점철된 역사였다고 해도 과언이 아니다. 그 정점에 유신헌법이 있었다. 1972년 유신체제 선포 후 공포된 이 헌법에서 국민의 주권은 소위 '주권적 수임기관'에 유보되었다. 입헌주의의 핵심인 국민의 기본권 보장은 공동화되었고, 대통령의 권한은 비정상적으로 강화되었으며, 대통령에 대한 임기제한은 폐지되었다. 특히 유신헌법 제53조에 규정된 긴급조치권은, 대통령에게 국정 전반에 대하여 무소불위의 권한을 행사할 수 있도록 백지위임하는

'헌법적' 근거가 되었다. 세월이 흘렀고, 민주화 시대를 지나, 당시에 내려진 긴급조치에 의하여 참혹한 피해를 입은 국민들이 유신헌법과 그에 기한 긴급조치의 위헌성을 확인해달라고 헌법재판소에 심판청구를 하였다(2010헌바70·132·170[병합]). 헌법에 의하여 법률에 대한 위헌여부를 심사할 권한을 새롭게 가지게 된 헌법재판소가, 그 심판기준인 헌법을 바로 심판대상으로 삼을 수 있는지부터가 선결문제였다.

당시 헌법재판소의 의뢰로 청구인측 참고인의견서의 작성을 맡은 고려대학교 법학전문대학원의 김선택 교수님은, 헌법재판소가 이 사건을 자신의 관할에서 포기하지 않고, 유신헌법의 위헌성을 판단하는 데까지 나아가게 설득할 유력한 논거를 찾아야 했다. 국내에 유례가 없었기에, 외국의 사례를 찾을 수 있다면, 큰 도움이 될 터였다. 그때, 케말 괴츨러 교수님의 이 책을 접하게 되었다. 이 책에는, 헌법에 사법심사의 근거조항이 있는 경우와 없는 경우, 두 경우 각각, 개정된 헌법조항에 대해 사법심사를 한 적이 있었는지, 심사시 헌법개정의 절차만을 심사하였는지 그 내용까지 심사할 수 있었는지에 대한 다양한 사례가 전세계에 걸쳐 광범하게 망라되어 있었다. 당시만 해도 헌법개정에 대한 헌법재판소의 심사례를 비교법적으로 광범하게 다룬 연구는 찾기 어려웠기에, 이 책에 나온 사례들은 중요한 참고가 되었다. 나는 당시 김선택 교수님 문하의 박사과정 연구조교로서 문헌정리를 보조하였고, 이 책을 번역하는 외에도 의견서의 형성과정을 지켜보며 많은 것을 배웠다. 모든 준비가 끝

난 후, 2011년 여름 내내 작성된 이 참고인의견서는 같은 해 9월 30일 헌법재판소에 제출되었고,* 이 책의 한국어 번역원고는 의견서의 참고 자료로 첨부되었다. 같은 해 10월 13일 헌법재판소 대강당에서 열린 공개변론에서 의견서의 요지가 낭독되었고, 이 책에 실린 중요한 정보들이 언급되었다. 3년 후, 헌법재판소는 유신헌법에 기한 긴급조치의 심판권한이 헌법재판소에 있음을 인정하고, 긴급조치의 위헌성을 선언하였다. 유신헌법 자체의 위헌성을 확인하는 데까지 나아가지는 못했지만, 나는 그 일련의 과정을 통해 학문이 '정의'를 위하여 또 '역사'를 위하여 무엇을 할 수 있는지, 학자가 학문을 함에 있어서 어떠한 자세로 임해야 하는지를 마음에 새겼다.

그 동안, 이 책이 다루고 있는 '헌법개정의 한계'에 관한 문제는 세계헌법학계의 주목을 받는 주제가 되었다. 민주주의의 세기라 불리웠던 20세기를 지나자마자, 즉 21세기 초엽부터 민주주의가 퇴행하는 나라들은 물론이고 심지어 권위주의로 회귀하는 국가들까지 나타나고 있다. 이러한 나라들에서 위헌적 헌법개정(unconstitutional constitutional amendment)은 하나의 패턴이 되었고, 수많은 학자들 특히 비교헌법학자들이 이러한 우려할만한 현상에 대하여 깊은 관심을 가지고 다루고 있다. 아주 최근의 주목할 만한 연구서들에서도 괴츨러 교수님의 이 책이 여전히 빠짐없이

---

* 이 의견서 전문(全文)은 헌법연구 제2권 제1호 (2015. 3), 헌법이론실무학회, 173~232쪽에 실려있다.

인용되고 있음을 발견한다. 괴츨러 교수님에게는 2018년 12월과 2019년 1월의 서신왕래를 통해 이 책의 번역출간에 대한 동의를 받았다. 애석하게도, 최근 수 년간 터키의 민주주의가 지속적으로 후퇴하고 있고 동시에 괴츨러 교수님도 힘든 시기를 보내고 계시다. 이 책의 출간이 괴츨러 교수님에게 위로와 격려가 되기를 간절히 바란다.

마지막으로, 독자 여러분들과 동료 연구자들께 다음과 같은 바램을 전하고 싶다. 첫째로, 이 책을 통해 헌법개정에 절차적으로도 실질적으로도 한계가 있다는 점, 그리고 그것이 헌법재판을 통해 확인되고 무효화될 수 있다는 점을 인식하는 계기가 될 수 있길 바란다. 둘째로, 세계 헌법학계의 학자들이 '헌법개정을 통한 헌법파괴'를 예방하기 위하여 이 주제에 대하여 진지한 노력을 기울이고 있다는 점, 결국 우리도 지난 헌정사에서 경험했던 비극을 되풀이하지 않으려면 항상 이 문제에 대하여 '깨어있어야 한다'는 점을 다시금 상기하는 계기가 되길 바란다.

2020년 1월

윤 정 인

헌법개정에 대한
사법심사
비교연구

JUDICIAL REVIEW OF
CONSTITUTIONAL AMENDMENTS
A Comparative Study

초판 1쇄 인쇄 2020년 3월 31일
초판 1쇄 발행 2020년 3월 31일

저　　자　케말 괴츨러(Kemal Gözler)
번　　역　윤정인
발 행 자　전민형
발 행 처　도서출판 푸블리우스
인　　쇄　주식회사 미래엔
디 자 인　목지영
등　　록　2018년 4월 3일 (제 2018-000153호)
주　　소　[02841] 서울시 성북구 종암로 13, 고려대 교우회관 410호
전　　화　02) 927-6392
팩　　스　02) 929-6392
이 메 일　ceo@publius.co.kr

ISBN 979-11-89237-04-2 93360

- 책값은 뒤표지에 있습니다.
- 잘못된 책은 바꾸어 드립니다.
- 저자와 협의하여 인지를 생략합니다.

도서출판 푸블리우스는 헌법, 통일법, 시민교육, 법학일반에 관한 발간제안을 환영합니다.
기획 취지와 개요, 연락처를 ceo@publius.co.kr로 보내주십시오.
도서출판 푸블리우스와 함께 한국의 법치주의 수준을 높일 법학연구자의 많은 투고를 기다립니다.

「이 도서의 국립중앙도서관 출판예정도서목록(CIP)은 서지정보유통지원시스템 홈페이지(http://
seoji.nl.go.kr)와 국가자료종합목록 구축시스템(http://kolis-net.nl.go.kr)에서 이용하실 수 있습니다.
(CIP제어번호 : CIP2018040375)」